LA MISSION

DE

DE GONTAUT-BIRON

A BERLIN

PAR

LE DUC DE BROGLIE

DE L'ACADÉMIE FRANÇAISE

PARIS

CALMANN LÉVY, ÉDITEUR

ANCIENNE MAISON MICHEL LÉVY FRÈRES

3, RUE AUBER, 3

—

1896

LA MISSION

DE

M. DE GONTAUT-BIRON A BERLIN

(1872-1878)

CHAPITRE PREMIER

LIBÉRATION DU TERRITOIRE

I

M. le vicomte Élie de Gontaut-Biron a représenté la France à Berlin en qualité d'ambassadeur, depuis le 4 décembre 1871 jusqu'aux derniers jours de l'année 1877. Au moment où cette mission lui fut confiée, le traité de paix conclu avec l'Allemagne, à la suite de nos désastres, avait déjà reçu un commencement d'exécution. Sur les cinq milliards d'indemnité que l'article 2 du traité avait stipulés, deux allaient être acquittés au moyen d'un emprunt souscrit avec une rapidité merveilleuse par les ressources de l'épargne et de l'énergie nationales. Mais trois restaient à solder, et six départements français étaient encore détenus en gage, jusqu'à parfait payement, par les troupes victorieuses. Sur plus d'un point, d'ailleurs, la limite nouvelle de notre territoire, si tristement mutilé, n'était pas exactement déterminée. C'est dire qu'au fond, rien n'était fini et que toute chance de nouveaux conflits, ou plutôt de nouveaux malheurs, n'avait pas disparu de l'horizon. Le moindre différend, soit sur le mode et l'échéance du payement, soit sur la démarcation des districts contestés, une rixe survenant sur un des points occupés entre les soldats conquérants et les populations conquises pouvaient nous replacer, comme pendant la négociation de la paix même, dans l'alternative ou de cessions douloureuses ou d'une résistance sans espoir. Nous restions, en réalité, sous la main du vainqueur, toujours maître d'interpréter à son gré les conditions qu'il avait dictées lui-même.

C'était ce vainqueur que le représentant de la France devait aller chercher à Berlin, au siège de sa puissance, pour y traiter avec lui de ces questions encore grosses de tant d'orages. Personne ne fut plus surpris que M. de Gontaut d'être appelé ou plutôt condamné à ce redoutable honneur. Il rappelle lui-même, dans des souvenirs qu'une bienveillante confidence nous a communiqués, que rien absolument ne l'y avait préparé. Il avait vécu, jusqu'à la maturité de l'âge, à l'écart de toute fonction publique. Issu d'une des plus vieilles et des plus illustres maisons de France, sa fidélité à des traditions et à des convictions héréditaires l'éloignaient, pendant toute la durée du second Empire, de toute participation à la vie politique. C'était seulement après nos défaites que le suffrage des électeurs des Basses-Pyrénées était venu le chercher dans cette retraite pour l'envoyer, presque malgré lui, à l'Assemblée nationale. La sympathie qu'il n'avait jamais éprouvée pour la dynastie déchue le 4 septembre, il ne la ressentait pas davantage pour la république improvisée le même jour ; et dans les circonstances ordinaires, il n'aurait pas eu plus de goût à la servir.

Mais rien n'était ordinaire à cette heure suprême. Le moindre service à rendre à la patrie tombée dans un abîme de malheur commandait aux hommes de tous les partis l'oubli, au moins momentané, de leurs attachements les plus chers. Aussi avait-il été convenu dès les premiers jours de la réunion de l'Assemblée, que, pour faciliter cette concorde patriotique, la forme républicaine, adoptée dans un jour d'entraînement par la population parisienne, ne serait considérée que comme une étiquette provisoire ; toutes les questions relatives à la constitution définitive du gouvernement restaient ajournées jusqu'au jour où la France serait délivrée du joug étranger qu'elle subissait. C'est ce qu'on appelait, dans la langue aujourd'hui oubliée d'un temps qui s'éloigne, le pacte de Bordeaux. C'était M. Thiers lui-même qui, en recevant du suffrage unanime de l'Assemblée l'investiture du pouvoir suprême, avait proclamé solennellement la condition de cette trêve des partis dans des termes qui ne semblaient pas comporter d'équivoque. Il promettait *sur l'honneur*, sous peine d'être justement réputé *coupable de trahison*, de n'y pas porter lui-même et de ne pas souffrir que personne y portât atteinte. Se trompait-on sur le

sens de ses paroles et l'étendue de ses engagements? C'est un point très délicat que je ne
toucherais qu'à regret, et si l'exposé des faits
m'y amène nécessairement.

Mais il suffit de rappeler que, fondée ou
non, la confiance était entière chez M. de
Gontaut, comme chez d'autres placés dans la
même condition que lui, à qui M. Thiers fit
des offres analogues, ou plutôt imposa les
mêmes devoirs. Aucun d'eux ne s'y serait
prêté, s'ils avaient pu penser qu'une renon-
ciation quelconque leur fût demandée par là à
leurs convictions monarchiques. Ceux en particulier qui, comme M. de Gontaut, avaient reçu
un mandat de député à remplir, se seraient
fait scrupule de le déserter, s'ils avaient cru
que par leur absence ils compromettaient la
cause qui était à leurs yeux l'espoir du pays.

Ce fut dans cet état d'esprit et non sans
beaucoup d'hésitation et de répugnance, que
M. de Gontaut, ambassadeur très étonné de
l'être, se mit en route pour Berlin. Les sentiments très mélangés dont il était animé, le
jour où il fallut faire la première démarche
officielle, en remettant au nouvel empereur ses

lettres de créance, ne peuvent être mieux dépeints que par lui-même, dans des termes que leur sincérité rend éloquents : « Me voilà donc, dit-il, dans la nécessité d'endosser pour la première fois un uniforme. J'étais, je le confesse, quelque peu embarrassé de ma tournure avec un habit galonné sur toutes les coutures, une épée battant entre mes jambes, et un chapeau à plumes blanches sur la tête. A toutes les réflexions sérieuses et tristes qui me hantaient en ce moment se joignaient involontairement quelques impressions moins graves et un peu humoristiques, soit en jetant les regards sur ce costume, soit en m'entendant nommer, par les grands seigneurs comme par les sous-ordres : Votre Excellence. Je me frottais les yeux pour savoir si j'avais des éblouissements ou si j'y voyais clair... Est-ce bien moi, fils de croisés, qui vais, au nom du président de la République française, me présenter comme ambassadeur de mon pays bouleversé, vaincu, au nouvel empereur d'Allemagne dans tout l'éclat de ses succès, entouré de ses généraux triomphants comme lui ; qui vais ensuite faire ma cour à l'impératrice au milieu de ses dames d'honneur, ornées de leurs plus brillants atours, comme aux jours de gala : seul, entouré d'une foule de visages inconnus, entendant parler une langue que je ne comprends pas. Est-ce un rêve ? Est-ce un cauchemar ? C'est l'un et l'autre, c'est une foule de sensations de tout genre, comme on en éprouve dans un sommeil agité, où des scènes brillantes se compliquent de situations invraisemblables, ridicules, dont le réveil seul vous délivre. Que le Dieu des opprimés me vienne en aide ! »

Le cortège qui était venu chercher l'ambassadeur traversa l'avenue des *Linden*, au milieu d'une foule curieuse, mais dont l'attitude était convenable ; et les militaires de tous grades, en particulier, s'arrêtaient pour porter avec déférence la main à leur casque. « Je pensais mélancoliquement, dit pourtant M. de Gontaut, que je ressemblais à ces rois de l'antiquité, vaincus et dépouillés par les Romains et qui servaient au triomphe des vainqueurs. »

Rien, dans les entrevues qui suivirent avec l'empereur et les divers membres de la famille impériale, ne fut (c'est une justice qu'on aime à rendre) de nature à aggraver l'amertume de ces réflexions. Ce fut chez tous, au contraire, un effort visible pour ménager la dignité du vaincu et lui rendre la position supportable. « Quand les portes de la salle d'audience s'ouvrirent, j'entrai seul et j'aperçus, au milieu du salon, un homme grand, à l'air martial et bienveillant, debout, la tête découverte et ceint du grand cordon de la Légion d'honneur. Je m'avançais vers lui en le saluant profondément : Il marcha à ma rencontre. » Ce fut alors le moment de prononcer un petit discours préparé sous les yeux de M. Thiers, et dont la phrase principale était celle-ci : « Investi par l'homme éminent qui préside actuellement aux destinées de la France d'une mission honorable entre toutes, celle de renouer entre deux grandes nations des relations régulières et pacifiques, j'ose espérer en la bienveillance de Votre Majesté pour m'aider à remplir ma tâche avec toute la loyauté que je tiens à y apporter. La paix dans l'honneur est un bien essentiel aux peuples. » Sur les mots de loyauté et d'honneur particulièrement accentués par l'orateur, l'empereur s'inclina légèrement en signe d'assentiment. « Tous ces sentiments, dit-il ensuite, sont les miens. Je tâcherai de vous rendre le séjour de Berlin aussi agréable que possible. »

De l'empereur, il fallait passer à l'impératrice. Ceux qui ont connu cette princesse savent le goût qu'elle avait eu dès sa jeunesse pour la société et la littérature françaises, et sa gracieuse facilité à manier notre langue. Aussi ne fut-il pas étonnant qu'elle se plût à prolonger, avec une bienveillance marquée, le tête-à-tête officiel, oubliant l'étiquette d'une première audience jusqu'à faire asseoir l'ambassadeur. Elle rappela des détails qu'elle tenait de ses relations de Paris sur la famille de M. de Gontaut et, en particulier, sur la mère si respectable qu'il avait récemment perdue. « C'est évidemment ajouta-t-elle, un sacrifice pour vous d'accepter l'ambassade de Berlin ; mais vous avez bien fait, vous pouvez compter sur moi pour que vous n'ayez pas à vous en repentir. »

De la part de l'héritier du trône, plus tard l'empereur Frédéric, un des combattants de la veille, des témoignages de même nature étaient moins attendus et furent par là même encore plus significatifs. Mais le langage qu'il tint, plein d'élévation et de générosité, n'étonnera aucun de ceux qui ont, depuis lors, suivi avec émotion la dernière phase de la vie de ce noble prince. Lui aussi parla de la France et des souvenirs qu'il y avait laissés, sans éviter même les plus récents.

— Je connais du monde en France, j'en ai vu même dans les derniers événements.

— Oui, dit M. de Gontaut, Mgr l'évêque d'Orléans, qui est resté touché des sentiments exprimés par Votre Altesse Impériale.

— Oh ! oui, monseigneur Dupanloup, dit vivement le prince ; malheureusement, il partait pour Bordeaux et je ne l'ai vu que dix minutes. C'est une terrible saignée, reprit-il, qui a été faite à nos deux pays; elle nous a occasionné comme à vous des pertes considérables et bien douloureuses. A présent, il faut maintenir la paix.

— C'est le sentiment, dit M. de Gontaut, avec lequel je suis venu à Berlin ; nous avons quelque mérite à vouloir la paix, car elle nous coûte bien cher, mais elle est utile à l'Allemagne comme à la France.

— Oh ! oui, oui, elle est bonne pour tout le monde.

Et la princesse, qui était présente (aujour-d'hui l'impératrice Victoria), répéta ces paroles « avec une sorte d'énergie douce ».

Les égards qu'on témoigne aux faibles, tristes indices de leur situation, les touchent sans les consoler. Il fut plus pénible encore d'en être l'objet, non plus dans la discrétion d'un tête-à-tête, mais au milieu de l'éclat des fêtes qui se succédèrent à la cour de Prusse, cette année-là, et dont le sentiment du triomphe rehaussait la splendeur. La première était un brillant concert : « Quand l'empereur et l'impératrice eurent fait leur entrée, dit M. de Gontaut, le silence s'établit et les premiers accords de la musique se firent entendre. Jusque-là, j'étais dominé par la curiosité ; mais mon cœur, à ce moment, commença à se serrer et je descendis au fond de moi-même. Je me rendis compte du spectacle que j'avais sous les yeux : c'étaient nos vainqueurs que je voyais devant moi, ceux qui nous avaient battus, réduits, traités impitoyablement... J'étais au pied de leur trône, représentant la France vaincue, diminuée, humiliée. Je l'avoue, mon cœur fut saisi d'une telle douleur, que je sentis mes larmes prêtes à couler et que, pour la première fois de ma vie, les sons d'une belle musique, au moment où ils retentirent, me furent odieux. Pour reprendre courage, je détournai mes regards du spectacle que j'avais sous les yeux et j'élevai mon cœur vers ces régions supérieures où règnent la sérénité et la paix sans partage, vers cette cour céleste bien autrement brillante que les plus brillantes de la terre, qui ne connaît ni les triomphes insolents de la force, ni les douleurs incurables, où se reposent les vaincus, les déshérités, tous ceux qui ont combattu le bon combat de la vie. Cette vue intérieure me consola. Vers onze heures un quart, le concert était terminé, les princes se retirèrent, la foule sortit lentement de la salle Blanche, et à minuit, j'étais chez moi, réfléchissant dans un silence que n'interrompait aucun bruit du dehors et par un grand clair de lune, à cette fête brillante, à ces accords harmonieux, à tous ces princes, à cet échange de mots et de paroles : en un mot, à tout ce qui faisait tant de bruit il y a peu d'instants et qui, à l'heure actuelle, est évanoui, comme tout ce qui est de ce monde, évanoui pour aller se perdre dans l'éternité. »

En diplomatie, l'heure des politesses, qui n'est pas indifférente, passe vite, celle des affaires et, par suite, des discussions lui succède rapidement. Le premier débat que M. de Gontaut eut à soutenir avec M. de Bismarck, ou plutôt la première rencontre qu'il dut affronter (car de débat il n'y en avait guère de possible) eut lieu à propos d'un sujet qui ne pouvait être abordé sans émotion. Il s'en fallait bien que, à la suite de la paix, tous les prisonniers français eussent été rendus à la liberté. La Prusse gardait encore dans ses forteresses, non seulement les militaires qu'on accusait de s'être, pendant leur captivité, livrés à quelque acte d'insubordination ou d'avoir commis quelque délit, mais ceux-là même qui, ne faisant pas partie de l'armée régulière, avaient été pris les armes à la main : car, par une interprétation plus que douteuse du droit international, les généraux prussiens n'avaient jamais voulu se regarder comme tenus envers les corps francs, même organisés avec une approbation officielle, aux égards qui, d'après les usages de toutes les nations civilisées, sont dus aux belligérants. Ils avaient ainsi souvent puni de mort des actes de légitime défense, et croyaient user de clémence en se bornant à imposer à ceux qui, à leurs yeux, s'en étaient rendus coupables, une prolongation indéfinie de captivité. Parmi eux se trouvaient encore des meilleurs de nos compatriotes.

M. de Gontaut, d'après les instructions de M. Thiers, se mit résolument à plaider leur cause. Mais le difficile était de le faire auprès de M. de Bismarck lui-même, qui, après avoir reçu l'ambassadeur dans une première audience avec une brusquerie à laquelle il voulait donner l'apparence de la cordialité, se rendait ordinairement invisible, renvoyant les questions un peu délicates à traiter avec son ministre des affaires étrangères, M. de Thile, et celui-ci n'avait jamais aucun pouvoir suffisant pour les résoudre : aussi ne pouvait-on tirer de lui que quelques grâces individuelles appliquées surtout à des militaires. M. de Saint-Vallier qui résidait alors à Nancy, chargé par M. Thiers de tous les rapports à entretenir avec M. de Manteuffel, le général en chef de l'armée d'occupation, suivant le même intérêt avec le même zèle et, n'était pas plus heureux. Les mois s'écoulaient et le supplice des malheureux captifs se prolongeait. Un jour enfin, à un dîner de cérémonie, M. de Gontaut se trouva placé à côté du redoutable chancelier. On sait que son aspect peu sympathique et la stature colossale d'où il domine son interlocuteur (et qui fait croire, dit M. de Gontaut, qu'on a devant soi un Goth ou un Visigoth) rendent toujours la conversation assez difficile à engager avec lui. C'était pourtant une occasion qu'on ne pouvait laisser échapper, et M. de Gontaut fut décidé à en profiter pour parler enfin de ce qui lui tenait au cœur. Ce ne fut pas sans peine qu'il en vint à bout, car son puissant voisin qui, sans doute, le voyait venir, lui coupa de propos délibéré la parole par un long monologue sur la meilleure manière à employer pour faire le vin, et traita ce sujet si opportun avec une intarissable abondance de langage qui indiquait une étude approfondie. Ce ne fut qu'au moment où la compagnie allait se séparer qu'il fut possible de glisser un mot, lequel fut à l'instant vivement relevé. M. de Bismarck insista avec énergie sur la nécessité de *tenir en bride les ardeurs françaises* et de préserver, par des exemples de juste sévérité, ses troupes, encore campées en France, des dangers auxquels les exposait chaque jour leur contact avec les habitants des provinces occupées. Ne venait-on pas d'apprendre que dans deux départements (Aisne et Seine-et-Oise) des paysans poursuivis pour avoir, à la suite d'une rixe, tué deux soldats allemands, étaient acquités par le jury ? Il n'y avait donc pas à compter sur la justice française ; il fallait faire sa police soi-même.

— Après tout, dit M. de Bismarck, ce dont vous vous plaignez est la conséquence de la guerre.

— Raison de plus, répondit M. de Gontaut, pour ne pas la prolonger au delà de la guerre elle-même.

L'entretien finit pourtant par une parole d'espérance que M. de Gontaut interpréta comme une sorte de promesse. Il avait tort, car l'accomplissement s'étant fait attendre, il crut pouvoir réveiller la mémoire du chancelier par une lettre qu'il lui adressa directement : « J'étais novice en diplomatie », dit-il ingénument. En effet, bien qu'il eût évité avec soin tout ce qui aurait eu l'apparence d'un reproche, M. de Bismarck fit mine d'être blessé qu'on l'accusât de manquer de parole, et en prit occasion pour renvoyer l'amnistie espérée jusqu'à la conclusion d'une négociation plus importante qui n'aboutit que plusieurs mois après.

Il ne s'agit de rien de moins dans celle-là que d'alléger, avant la date fixée d'avance, l'énorme charge qui pesait sur nous et de rapprocher ainsi le moment où notre délivrance serait complète. Le douloureux traité signé à Francfort, l'année précédente, avait fixé au 12 mai 1874 le terme extrême où devait avoir lieu le payement complet des trois milliards encore exigibles, et où devait cesser en même temps l'occupation du territoire qui en était la garantie. A la vérité, une disposition expresse autorisait la France à acquitter sa dette auparavant par une série d'acomptes anticipés, mais rien n'avait été prévu pour qu'en considération de ces avances (si elles avaient lieu), l'occupation fût réduite, sous le rapport soit de l'étendue du sol détenu, soit du nombre des troupes dont l'entretien restait au compte du trésor français. C'était une restriction gra-

duelle et proportionnelle de ces deux charges
que M. Thiers avait dessein de réclamer.

La prétention n'avait rien d'excessif, car
dans tous les genres de transactions il est
conforme à l'équité naturelle que la valeur du
gage soit tenue en rapport avec le montant de
la dette. Mais il n'eût été ni prudent ni possible de demander davantage. A la vérité dans
une situation analogue, le duc de Richelieu,
parlant, au nom de Louis XVIII, au congrès
d'Aix-la-Chapelle, avait obtenu, par l'autorité
de son caractère et l'appui bienveillant de la
Russie, la fin immédiate et sans condition
d'un temps d'épreuve pareil dont un long
délai restait encore à courir; mais l'état des
choses et des esprits était bien différent.
M. de Bismarck n'avait rien des sentiments
généreux d'Alexandre : nous n'avions à compter
sur l'aide d'aucune des puissances d'Europe :
on ne pouvait demander au nouvel empereur
d'Allemagne, pour l'état incertain et provisoire
de la France républicaine, les égards que les
coalisés de 1815 avaient témoignés au principe
monarchique représenté par l'envoyé de la
royauté rétablie. Nous ne pouvions, cette fois,

attendre d'autre atténuation de notre sort qu'en allant de nous-mêmes au-devant des sacrifices exigés.

Mais, en ce genre, on pouvait s'avancer hardiment et faire les offres les plus larges sans crainte d'être dans l'embarras pour y faire face. La facilité avec laquelle le premier emprunt avait été couvert attestait dans l'épargne française une puissance qui promettait qu'elle pourrait répondre aussi aisément à un second appel, suivît-il même de très près le précédent, et fût-il encore plus considérable. Aussi M. Thiers ne crut pas s'aventurer en annonçant qu'il tiendrait prêt un des milliards restant dus dès la première moitié de l'année 1872, et les deux autres dans le cours de l'année suivante. Restait à obtenir que chaque payement fût suivi d'une réduction proportionnelle dans l'étendue de l'occupation. Ce fut dans ces termes que la conversation dut être engagée à la fois par M. de Gontaut à Berlin, et à Paris par M. Thiers, avec l'ambassadeur de Prusse, M. d'Arnim.

Mais du premier mot qui fut dit, il parut clairement que cette démonstration inattendue des ressources financières de la France, — qui étonna l'Europe et qui nous inspirait un juste retour de confiance, — était accueillie par nos vainqueurs avec des sentiments bien différents. La surprise leur causait une déception qu'ils avaient peine à déguiser. En fixant le montant de l'indemnité à un chiffre jusqu'alors sans exemple et qui effrayait l'imagination, on avait pensé porter à la fortune et au crédit de la nation, si cruellement éprouvée, une atteinte dont, de longtemps. — jamais peut-être, — elle ne devait se relever. C'était une erreur, puisque le poids se trouvait si légèrement porté, et le tort qu'on regrettait maintenant tout bas était de n'avoir pas demandé davantage. Puis, à voir ce blessé, qu'on croyait mis à terre, se relever et reprendre si promptement ses forces, on éprouvait quelque déplaisir à lui rendre la liberté d'en faire usage. De plus, cette précipitation mise à payer tout de suite et à tout prix n'était-elle pas elle-même, pensait-on, un peu suspecte? La hâte d'être délivrée des troupes allemandes ne cachait-elle pas le dessein de se livrer, hors de leur surveillance, à des préparatifs militaires en vue de recourir, le plus tôt possible, avec l'espoir d'une prompte revanche, aux chances d'une guerre nouvelle? Cette crainte pouvait paraître confirmée par l'activité avec laquelle, au même moment, l'Assemblée nationale s'adonnait sans relâche à la tâche de réorganiser notre armée détruite : ardeur telle, que M. Thiers lui-même semblait impuissant à la contenir, puisqu'il était en dissentiment, sur plusieurs points, avec les commissions parlementaires, notamment sur le service obligatoire et l'accroissement démesuré d'effectif qui devait en résulter. La conclusion était que, dans l'intérêt de la paix, il ne fallait mettre aucun empressement à se dessaisir des moyens de contenir les intentions provocantes dont on croyait reconnaître les indices.

Sincères chez quelques-uns, ces inquiétudes étaient sinon simulées, au moins fortement exagérées par d'autres qui ne se faisaient pas faute de les exploiter : car cette reprise prochaine d'hostilité qu'on faisait mine de redouter de notre part, il y avait, surtout dans l'entourage militaire de l'empereur, un parti puissant qui ne se cachait guère de la désirer. Persuadé, comme on disait l'être, que, tôt ou tard, avec les sentiments d'irritation qui régnaient en France, une nouvelle lutte serait inévitable, ne ferait-on pas mieux de l'aborder, quand on tenait encore le pied sur la gorge de l'ennemi et que toutes les routes de sa capitale étaient ouvertes? Aussi bien, puisque l'opération destinée à l'affaiblir sans retour paraissait avoir manqué son but, ce serait le moment de la compléter. Quelques-uns, à la vérité, faisaient observer que, même en vue de la guerre à reprendre à courte échéance, il y aurait intérêt à commencer par encaisser les milliards qui serviraient à en couvrir les frais, au lieu de les laisser au trésor français. Le chancelier lui-même, à certains jours, semblait incliner à cette pensée. Mais le plus grand nombre tenait à garder l'avantage du terrain dû à la victoire, et c'était une phrase généralement répétée dans les cercles militaires, que, dût la France avoir payé 4 999 999 999 francs, pas un Allemand ne devait quitter le sol occupé tant que le dernier franc ne serait pas touché. Le bruit de ces propos provocants était assez répandu pour qu'un journal anglais, ordinairement assez bien informé, donnât un jour la nouvelle que, si la France ne s'engageait pas à suspendre ses armements, l'ambassadeur allemand allait être rappelé et l'armée d'occupation rentrait en campagne.

L'extrême froideur avec laquelle furent accueillis les premiers pourparlers que M. de Gontaut était chargé d'engager, sous forme d'insinuation discrète, s'explique par ces dispositions de nature assez complexe, et ce fut la tâche de l'ambassadeur de les démêler et de les faire comprendre. C'était, en quelque sorte, la partie morale de la négociation que lui seul, dans le milieu où il se trouvait placé, était en mesure de suivre. M. Thiers mettait à résoudre les difficultés matérielles de toute sorte qui entravaient une gigantesque opération financière, jusque-là sans exemple, d'inépuisables ressources d'esprit, une promptitude et une souplesse de résolution dont les financiers compétents qui lui servaient d'instrument restaient émerveillés. Mais il n'avait en face de lui, dans l'ambassadeur allemand à Paris, M. d'Arnim, qu'un interlocuteur chagrin, indécis, et qui (on le soupçonnait déjà et la suite devait l'apprendre) ne reflétait que très imparfaitement l'état d'esprit et les intentions de ses maîtres. C'était à Berlin qu'on pouvait voir clair dans leurs sentiments véritables et lire dans le fond des cœurs. Il y fallait, à la vérité, la finesse d'observation dont M. de Gontaut se trouva tout de suite doué et qui, dès la première épreuve, dut le convaincre lui-même, quoi qu'il en dît, que son noviciat diplomatique ne serait pas long à faire. Rien, je crois, n'a jamais mieux fait voir que, dans une profession où la connaissance des hommes sert plus que l'étude des livres, ce qu'on saura toujours le mieux, c'est ce qu'on n'aurait jamais su, si on avait eu besoin de l'apprendre. En jugeant que, pour remplir à souhait la tâche délicate qui lui était confiée, M. de Gontaut n'avait rien à ajouter aux dons qu'il tenait de la nature et qu'avait développés l'usage du monde, M. Thiers avait eu le sens juste et la main heureuse.

Ce n'eût été rien pourtant que d'écouter et de comprendre, si on avait trouvé aisément à qui parler. Mais c'était justement la facilité qu'on avait le moins. « Les intérieurs prussiens sont très mûrés, écrivait M. de Gontaut le

29 janvier 1872, aussi bien dans les hautes régions que dans les moins élevées. Il est de tradition, depuis le grand Frédéric, de se défier beaucoup des étrangers. Les princes ne parlent jamais politique, et on ne les voit guère en dehors des réceptions officielles. M. de Bismarck est à peu près invisible. Les représentants des cours allemandes sont tremblants devant le chancelier, et ceux des autres cours n'ont pas la langue beaucoup plus déliée. C'est avec de pareils éléments qu'il faut voir et juger, et vous conviendrez qu'on risque fort de s'aventurer, quand on n'est pas plus acclimaté que je ne le suis encore. »

Si, comme il le dit ensuite, la glace ne tarda pas à se rompre, cette pénétration rapide dans un milieu qui s'y prêtait si peu, fut due à un ensemble de qualités qui, non seulement dans les relations de la vie sociale, mais tout aussi bien sur le théâtre des plus grandes affaires, se font vite apprécier : un abord aimable qui n'ôtait rien à la dignité, le charme et la sûreté du commerce, la délicatesse des sentiments et même l'agrément de la conversation. M. de Gontaut, d'ailleurs, n'était pas seul à être doué et à tirer parti de ces avantages. Il était aidé par sa nombreuse et charmante famille, à qui de grandes alliances contractées avant la guerre avaient assuré tout de suite un accueil affectueux, presque familier, dans la haute société prussienne et qui pouvait ainsi approcher, dans une intimité respectueuse, de plusieurs des personnes royales. Grâce à ces facilités et à l'art de tenir la porte ouverte à tous les genres de communication, M. de Gontaut put bientôt recueillir des meilleures sources des renseignements très utiles pour donner à Paris une idée exacte de ce qui se passait, se pensait et se disait à Berlin.

Voici venir d'abord le grand banquier, le principal auxiliaire financier de M. de Bismarck: « Il faut que je vous le dise (lui fait savoir dans un entretien confidentiel M. Bleischrœder), M. de Bismarck est fort content de vous voir ici, mais il n'est pas content de M. Thiers.

— Et pourquoi donc? demandai-je.

— C'est que M. Thiers augmente, dans de trop fortes proportions, l'armée française. Le prince de Bismarck ne voit pas sans inquiétude la réorganisation de votre armée. Il remarque que le budget de la guerre est de quatre-vingts millions plus fort que les budgets précédents... Il assure que le nouvel effectif dépasse celui de l'Empire, ce qui serait contraire aux promesses faites à lui-même, à Versailles, par M. Thiers. C'est le point noir de l'horizon, le seul peut-être qui préoccupe le prince de Bismarck, pour le maintien de la paix. »

Quelques jours après, c'était le tour d'un des collègues de M. de Gontaut, ministre d'une grande cour étrangère; celui-là allait plus loin encore dans la voie des révélations : « Le parti militaire, dit cet envoyé, reprochera toujours à Bismarck d'avoir lâché Belfort à la France, et il n'a pas renoncé à la pensée de prolonger beaucoup l'occupation, peut-être même de la rendre définitive... Il sait bien que les traités s'y opposent, mais il compte sur quelque imprudence de votre part, sur quelque retard dans l'exécution de vos engagements, probablement aussi sur des troubles intérieurs pour trouver un prétexte favorable à ses desseins... En tout cas, il est disposé à occuper vos départements aussi longtemps que possible, et, d'après ce que je viens de vous dire, vous en comprenez la raison ».

Un peu plus tard (ajoute M. de Gontaut), un des membres du Bundesrath (le Conseil fédéral de l'Empire) me disait : « On voudrait bien ici garder Belfort. On calcule que la guerre a coûté à l'Allemagne quatre milliards environ, et l'on serait très disposé à vous tenir quittes du cinquième pour garder Belfort. »

Enfin, un dernier entretien du même genre, cherché par M. de Gontaut lui-même, eut lieu avec un personnage bien plus considérable encore. Ce n'était autre que celui qui avait mérité, plus peut-être que Lazare Carnot, le nom d'organisateur de la victoire, le maréchal de Moltke. Sachant avec quelle exagération on parlait dans les états-majors prussiens du pied sur lequel l'Assemblée nationale s'efforçait de replacer notre armée, M. de Gontaut aborda directement le sujet avec M. de Moltke en lui demandant s'il avait connaissance du rapport que venait de faire sur la nouvelle loi militaire, M. de Chasseloup-Laubat.

— Je l'ai lu, dit le maréchal, il demande

le service obligatoire. Croyez-vous qu'il l'obtienne ?

Cette question touchait, comme on le verra, à la plus grande préoccupation du gouvernement prussien.

Je répondis au maréchal :

— Je ne sais trop, les avis sont partagés... M. Thiers n'est guère enclin au système du service obligatoire : mais il existe chez vous, et successivement la plupart des grands États d'Europe l'adoptent. On est donc généralement porté en France à l'appliquer.

— Je n'en disconviens pas, dit le maréchal, et je n'aperçois pas encore dans quel sens se décidera l'Assemblée... Mais en attendant, continua-t-il d'un rire un peu amer et avec quelque animation, M. Thiers s'occupe joliment à refaire cette armée. Au printemps prochain, elle sera en état de recommencer la guerre.

Puis, craignant peut-être d'en avoir trop dit, il se défendit avec chaleur de désirer un retour d'hostilité, et assura même que lui aussi souhaitait, dans l'intérêt des troupes allemandes, que l'évacuation ne se fît pas attendre. Il confirmait ainsi, d'un ton plus sérieux, ce qu'il avait dit quelques jours auparavant en plaisantant : c'est que la vie matérielle était si douce et si facile en France, qu'elle gâtait le métier pour ses soldats.

Contrairement à l'habitude de la plupart des agents diplomatiques, M. de Gontaut, dans ses dépêches, se met peu en scène lui-même convaincu, par un sentiment de modestie assez rare (surtout chez nos compatriotes), que pour les avis qu'il avait à donner ce qu'on lui disait était plus curieux à connaître que ce qu'il avait dû répondre. Malgré cette réserve, il est impossible de n'être pas frappé de la justesse de vue et de la promptitude de repartie qui lui permirent de démontrer, à plus d'une reprise (malgré son peu de pratique des matières militaires), que les mesures dont on prenait ombrage n'étaient que le minimum indispensable des efforts à faire pour reconstituer nos cadres brisés et des précautions à prendre pour réparer les brèches faites à la ceinture de nos lignes de défense. Sa loyauté bientôt reconnue et le caractère de bonne foi dont toutes ses paroles portaient l'empreinte donnaient un grand poids à ses affirmations. M. Thiers les confirmait, d'ailleurs, par une correspondance très active, dans laquelle, averti de la nature des difficultés que ses espérances rencontraient, il mettait à dissiper toutes les préventions ce mélange de lucidité et de verve qui faisait prendre à la vérité dans sa bouche une force pénétrante.

Mais, quel que fût l'effet de ces protestations répétées (dont M. de Gontaut avait soin de communiquer avec choix les passages les plus éloquents, de manière à les faire arriver à la connaissance de l'empereur lui-même), tous les yeux n'en restaient pas moins fixés sur notre Assemblée et toutes les oreilles ouvertes à la discussion qui s'y engageait, au même moment, sur la loi de recrutement. Il était clair que du tour que prendrait ce débat allait dépendre la décision qu'on nous faisait attendre, et j'ai dit quel était le point capital qui excitait dans tout le monde militaire et chez le souverain, plus que chez tout autre, l'attention la plus inquiète : c'était l'introduction si vivement désirée par une partie de l'Assemblée du service personnel obligatoire. Non

que les généraux ayant reconnu à l'épreuve
en quoi consistait la vraie qualité du soldat
français fussent sérieusement alarmés du chiffre
énorme qui, par suite de cet appel général, en
devait multiplier un peu indistinctement la
quantité ; le nombre, en réalité, ne les inquiétait pas, car ils se croyaient sûrs que l'Allemagne pourrait toujours mettre en ligne plus
d'hommes que nous, et plus d'un, d'ailleurs,
doutait d'une manière générale de la valeur
du système de service obligatoire pris en soi.
Mais l'ardeur qu'on voyait les Français mettre
à se précipiter au-devant d'un sacrifice dont
le poids se ferait surtout sentir aux classes
aisées, les acclamations enthousiastes qui avaient
accueilli les paroles enflammées de M. le duc
d'Audiffret-Pasquier, prêchant à tout citoyen
le devoir d'apprendre le métier des armes,
c'étaient là, à leurs yeux, autant d'indices qui
leur paraissaient révéler, non un élan d'exaltation patriotique, mais une soif impatiente de
réparation et de vengeance. C'était comme la
trompette annonçant une levée en masse. Ils
attendaient la résolution finale de l'Assemblée
comme la pierre de touche qui les ferait juger

de la confiance qu'ils devaient prendre dans la sincérité de nos intentions pacifiques.

C'était aussi le sujet sur lequel M. Thiers était le plus à l'aise, non seulement pour offrir, mais pour prodiguer les assurances les plus formelles, car il n'en était aucun sur lequel il eût lui-même une opinion plus arrêtée et une conviction plus profonde. On sait qu'il la conserva dans sa retraite jusqu'à son dernier jour, et qu'à la veille même de sa mort, il réunissait encore ses amis pour les conjurer de ne pas donner les mains à un mode de recrutement dont la conséquence inévitable était une réduction de temps de service qui énerverait, suivant lui, le ressort de toute véritable armée, en la noyant dans une masse indisciplinée et confuse. On se servirait donc d'une expression très impropre si l'on disait qu'il autorisa M. de Gontaut à promettre en son nom qu'il ne souffrirait pas que le service obligatoire fût légalement adopté. S'il y eut un engagement, il l'avait pris d'avance, non envers l'Allemagne, mais envers la France et envers lui-même, dans un intérêt patrio-tique de défense nationale. Mais il ne fit aucun mystère de sa résolution et assura le gouvernement prussien qu'il se faisait fort de triompher de toutes les résistances. Ainsi le 26 avril 1872, le bruit s'était répandu qu'il allait céder aux instances répétées de la commission parlementaire. « On dit, écrivait-il, que M. de Bismarck a du déplaisir de deux choses : (la première n'étant qu'un détail insignifiant sur le mode d'acquittement des sommes à payer, je crois inutile de la reproduire;) mais la seconde : c'est, continue-t-il, un accord de moi et de la commission dite de l'armée sur le principe du service obligatoire. Ces deux choses sont fausses. Je suis pour une armée de métier et contre une armée révolutionnaire aussi impropre à la guerre du dedans qu'à celle du dehors. Je serai peut-être obligé à des concessions de mots, mais je ne ferai aucune concession de choses. Quiconque a eu affaire aux hommes sait qu'on y est le plus souvent obligé, même avec les convictions les plus fermes et les plus sincères. »

A la vérité, son spirituel ministre des affaires étrangères, M. de Rémusat, ne partageait pas tout à fait sa confiance. — « Ce qui n'aura pas rassuré le roi de Prusse, écrivait-il le 12 mai, c'est le discours de M. le duc d'Audiffret-Pasquier, qui, sous le rapport du talent, a bien mérité son immense succès, mais qui, j'en ai peur, n'est pas aussi prudent qu'éloquent. Il a fait pousser des acclamations en faveur du service obligatoire, et vous savez quels ombrages cause en Allemagne ce système qui, cependant, nous donnerait vraisemblablement une armée plus anarchique que guerrière. Vous pouvez dire hardiment que M. Thiers s'est entendu avec la commission de l'Assemblée et croit, moyennant une concession de mots et un amendement qu'on lui accorde, avoir obtenu la réalité de ce qu'il désire. Il est très sincère dans cette assurance; mais je vous dirai, en toute confidence, que cette question de la réorganisation de l'armée m'a toujours paru la plus critique de toutes, et s'il est un écueil où nous puissions nous briser, je crains que ce ne soit celui-là. »

La défiance de M. de Rémusat n'était pas sans fondement. On sait, en effet, quel effort de volonté et d'énergie M. Thiers dut déployer jusqu'à la dernière heure pour contenir la généreuse impétuosité de l'Assemblée. Le compromis dont il était tombé d'accord avec la commission consistait dans l'acceptation en principe du service obligatoire, combiné avec le maintien du service actif à une durée de cinq années : ce qui, pour ne pas accroître l'effectif au delà de la proportion que le budget pourrait supporter, obligeait à ne prendre, chaque année, que la moitié du contingent. Mais cet accommodement une fois fait, M. Thiers ne consentit pas à dépasser sa concession d'une ligne. Il s'opposa de toutes ses forces même à un modeste amendement qui réduisait de cinq à quatre années la durée du service, et il alla jusqu'à déclarer du haut de la tribune que si la loi était ainsi modifiée, il ne prendrait pas la responsabilité de l'appliquer : devant la crainte d'une crise que personne ne voulait provoquer, l'amendement, déjà retiré par son auteur et repris par un membre assez obscur, ne réunit qu'un chiffre de voix insignifiant.

Le seul rapprochement de deux dates fait voir quel fut l'effet de cette séance dont tous les membres de l'Assemblée gardent le souvenir. Le vote décisif eut lieu le 10 juin dans la soirée, et c'est quinze jours après, le 29, qu'une négociation, dont les lenteurs et l'indécision se prolongeaient depuis plusieurs mois, put être promptement terminée par une convention signée à Versailles, dont les clauses répondaient en partie aux vœux formés par M. Thiers.

Je dis en partie, car plusieurs points manquaient encore pour que la satisfaction fût complète. Il était bien établi que deux départements seraient évacués dès que le premier demi-milliard serait payé, et deux autres après l'acquittement complet du second, fini à la date du 1er mars 1874. Mais, bien qu'un article laissât assez clairement entendre que le nombre des troupes d'occupation serait en conséquence successivement réduit, rien de précis n'était tout à fait stipulé à cet égard, et le soulagement de certaines contrées pouvait ainsi causer à d'autres un supplément de charge. De plus, les départements évacués restaient, jusqu'à ce que l'opération fût complète, neutralisés, disait le traité, au point de vue militaire, c'est-à-dire qu'on ne pourrait y faire d'agglomération de troupes et y élever des fortifications nouvelles. Enfin, pour l'acquittement du troisième milliard, un délai, qui n'avait pas été demandé, était accordé jusqu'au 1er mai 1875, avec faculté, à la vérité, de substituer auparavant des garanties financières reconnues suffisantes aux garanties territoriales. Ces diverses dispositions témoignaient une méfiance persistante assez peu gracieuse, et cachaient peut-être encore l'espoir secret de profiter des embarras qui pourraient survenir. Aussi quand le texte du traité fut connu, il y eut dans le public français, qui avait espéré mieux, une assez visible déception.

Chargé par la commission de l'Assemblée à laquelle le traité dut être soumis de présenter son rapport, je m'efforçai de ne pas laisser percer ce sentiment, mais l'approbation, qui ne pouvait guère être refusée, ne fut votée que par une unanimité triste et silencieuse. A la vérité, une ratification populaire d'un autre caractère et d'une plus grande importance suivit de près. Ce fut la souscription d'un emprunt de trois milliards, couverte en quelques jours par des offres qui atteignirent près de quarante fois le chiffre demandé. Peu semblait importer dès lors la mauvaise humeur du créancier : le débiteur tenant sa rançon en main pouvait se croire sûr de ne pas attendre trop longtemps sa liberté.

Pour le coup, d'ailleurs, la preuve était sans réplique : la France était bien ressuscitée, et il fallait compter de nouveau avec une nation qui, à peine relevée d'une chute si profonde, se montrait en état et en humeur d'user si largement du nerf de la guerre. Ce succès dépassait toute attente. L'impression très vive qu'on en ressentit en Europe vint à point peut-être pour modifier le caractère d'une réunion solennelle dont Berlin allait être le théâtre, et où M. de Gontaut fut appelé à prendre plus de part qu'il ne semblait devoir lui en être réservé.

L'empereur d'Autriche avait reçu, l'année précédente, dans ses États, à Gastein, la visite du nouvel empereur d'Allemagne : assez triste politesse qui ne faisait que constater le triomphe d'un ancien rival devenu tout-puissant, mais qui n'en était que plus significative, et qu'il n'en était aussi que plus nécessaire de rendre.

L'arrivée du souverain et du premier ministre d'Autriche à Berlin, annoncée pour les premiers jours de l'automne, avait donc paru toute naturelle ; mais ce qui causa plus de surprise, ce fut d'apprendre que le tsar Alexandre II, soit qu'on l'eût convié, soit qu'il s'invitât lui-même, avait l'intention d'assister en tiers à l'entrevue, accompagné lui aussi de son chancelier. Était-ce donc un véritable congrès qui allait avoir lieu ? Et quels en seraient, en ce cas, la signification et le but ? Des commentaires de toute nature faits à ce sujet défrayèrent à l'instant la presse anglaise et allemande. Étant donné le lieu du rendez-vous, il n'était pas possible d'imaginer que l'hôte qui était appelé à en faire les honneurs laissât mettre en question, sous ses yeux, les faits d'une importance inusitée qui venaient de s'accomplir à sa gloire et à son profit. Il ne restait donc qu'une supposition à former, c'est qu'il entendait, au contraire, demander, exiger peut-être, qu'ils fussent consacrés par la sanction de ses confrères couronnés, pour devenir le point de départ et la base d'un nouveau droit public européen.

La conjecture était d'autant plus naturelle que cette manière de légitimer en quelque sorte, par un assentiment général donné après coup, des possessions plus ou moins régulièrement acquises, était assez conforme aux traditions du passé, et en particulier aux souvenirs du grand congrès de Vienne qui demeuraient gravés dans toutes les mémoires comme les jours héroïques de la diplomatie. N'était-ce pas ainsi, en effet, que les puissances réunies à cette époque fameuse, après s'être partagé les dépouilles du vaincu de Waterloo et avoir opéré à leur convenance la répartition du territoire et des souverainetés, avaient apposé à leur œuvre leur garantie collective, prenant par là l'engagement réciproque de n'y laisser apporter aucune atteinte qu'après un concert et d'un consentement unanime? Et, de fait, c'était la règle qui avait prévalu pendant près de quarante années : les traités de 1815 figurant comme la charte d'un pacte international auquel on n'avait dérogé qu'en de très rares occasions et après de longues négociations et une série de conférences et de protocoles. Était-ce ce rôle qu'on réservait maintenant au traité de Francfort? Voulait-on en faire l'article principal d'un nouveau contrat d'assurance mutuelle entre les trois grands États du Nord? De la part de M. de Bismarck, cette proposition d'association européenne pouvait paraître un peu tardive, car personne n'avait tenu plus ouvertement que lui à s'affranchir de tout égard pour les convenances et les intérêts autres que ceux de son maître. Personne n'avait plus contribué à détourner Guillaume de souffrir aucune intervention et même aucune observation qui pût le gêner dans l'usage même le plus étendu et le plus rigoureux qu'il pût faire des droits de la victoire. C'est ainsi qu'avait été remaniée, à deux reprises, la carte de l'Europe centrale sans qu'aucun des témoins, même les plus intéressés dans ce nouveau partage, eussent été admis à élever la voix. Il pouvait sembler singulier, après avoir tenu tous ses voisins à l'écart pendant l'action, de vouloir ensuite les faire engager à garantir les points mêmes à l'égard desquels on s'était dispensé de les consulter. Était-ce une raison, cependant, pour qu'après s'être attribué tout ce qu'il avait jugé bon de prendre, le nouvel empire allemand ne cherchât pas, afin de garder le lot qu'il s'était adjugé, à s'assurer le concours éventuel de ceux dont il n'avait ni recherché ni peut-être voulu écouter les conseils? Nullement. En changeant ainsi de ton et d'allure avec le changement des circonstances, le ministre prussien n'eût fait qu'imiter une fois de plus le grand modèle dont il s'est toujours piqué de reproduire les exemples. Quand on veut bien comprendre Bismarck, il faut avant tout étudier Frédéric. Le ravisseur de la Silésie, après avoir mis violemment la main sur sa proie sans prendre aucun avis ni écouter aucune remontrance, n'en avait pas moins eu rien de plus à cœur que de faire reconnaître et assurer ensuite sa propriété par toutes les puissances réunies quelques années après au congrès d'Aix-la-Chapelle.

Nous avions donc réellement à craindre une confirmation et même une aggravation de l'état douloureux que nous subissions : car il n'était pas indifférent de voir river par deux anneaux de plus la chaîne de nos provinces conquises et se resserrer ces chances d'avenir que les retours inattendus de la fortune tiennent en réserve pour les causes justes qu'elle a laissée succomber. M. de Gontaut, qui était allé passer quelques jours en France après la signature de la convention, dut y retourner immédiatement avec l'instruction de tout surveiller pour s'enquérir si la conversation entre les personnes royales aboutirait à autre chose qu'à un échange d'assurances amicales, et surtout s'il en sortirait rien qui ressemblât soit à une convention verbale, soit surtout à un instrument écrit.

Il ne lui fallut pas longtemps pour s'assurer que si on avait entretenu à Berlin quelque dessein de ce genre, l'accueil fait aux premières ouvertures n'avait pas été de nature à l'encourager. Le premier éblouissement causé en Europe par le tourbillon des victoires prussiennes commençait à se dissiper, et les spectateurs, un instant frappés de stupeur, se réveillaient avec un sentiment de malaise. Tous ceux qui allaient avoir affaire avec le favori de la fortune s'inquiétaient de voir se dresser une force prépondérante que personne ne serait plus de taille à contenir. C'était, sur toutes les frontières de l'empire allemand, comme la gêne que cause, même au repos, la pression latérale d'une masse d'eau trop pleine et toujours prête à déborder. L'idée que, puisque la France qu'on croyait anéantie paraissait revivre, elle pourrait avoir encore un jour ou l'autre un rôle à jouer pour servir de point d'appui à la résistance contre le colosse qu'on avait si complaisamment laissé croître, se présentait à beaucoup d'esprits : et cette prévision ne fut point étrangère à l'accueil bienveillant que M. de Gontaut, dont le retour précipité avait désagréablement surpris M. de Bismarck, reçut au contraire des deux souverains voyageurs et de leurs ministres.

De la part des Autrichiens, l'expression de ce sentiment, bien que très claire, fut pourtant réservée et mêlée de quelque embarras. C'était naturel : l'Autriche était fortement soupçonnée, et non sans cause, d'avoir fait des vœux pour nous pendant toute la durée de la guerre. De récentes révélations nous ont même appris qu'elle nous avait promis son concours à des conditions dont les ministres de Napoléon III eurent l'incroyable imprudence de ne pas attendre l'accomplissement. Toute marque de sympathie de sa part aurait excité des ombrages que, se trouvant isolée maintenant et sans appui, il lui importait de prévenir; aussi les conversations que M. de Gontaut eut avec l'empereur eurent toujours lieu en présence de réunions nombreuses et, bien qu'elles fussent assez longues pour exciter l'attention et même causer du déplaisir à certains témoins, tout se borna à des généralités assez vagues. L'attitude de la Russie fut différente, parce que sa situation l'était également. Elle avait rendu service au vainqueur pendant la guerre, puisque c'était par la crainte de son intervention toujours menaçante que tout appui extérieur nous avait été refusé : elle avait reçu le prix de ce bon office en s'affranchissant par la convention récemment signée à Londres, de toutes les conséquences de ses défaites de Crimée, et en recouvrant pour sa marine la liberté et l'empire de la mer Noire. La partie finie, les deux associés restaient quittes l'un envers l'autre et libres de régler leurs rapports futurs à leur convenance. La parfaite netteté du langage du tsar dans l'audience privée qu'il donna à M. de Gontaut attesta cette indépendance. Après lui avoir, suivant l'usage diplomatique, demandé des nouvelles du chef de l'État :

— J'ai pour M. Thiers la plus grande estime, lui dit-il; veuillez l'assurer de ma part qu'il n'a rien à redouter de ce qui se passe ici : la France pouvait être certaine d'avance que je n'aurais participé à rien de ce qui pourrait être tenté contre elle.

Le chancelier Gortchakof se chargea à son tour de commenter ces assertions déjà si rassurantes :

— Ce langage, dit-il, est la signification très exacte des sentiments du gouvernement russe. Nous avons intérêt et sympathie pour la France. Il faut que la France soit forte et sage : il importe qu'elle soit forte pour qu'elle puisse jouer dans le monde le rôle qui lui est assigné; il faut qu'elle soit sage précisément pour qu'elle puisse jouer ce rôle avec autorité, et pour que son action soit bienfaisante... Soyez rassuré et rassurez aussi M. Thiers : si vous remplissez vos engagements, rien de plus ne vous sera demandé. On parle de votre armée et de son organisation, il est naturel qu'ici on n'y demeure pas indifférent, mais sur ce point l'Allemagne n'a le droit de vous adresser aucune réclamation. Vous faites ce que vous jugez convenable et vous avez raison...

Puis il ajouta :

— Entre nous il a pu y avoir ici échange de vues et d'idées, mais point de protocole tenu ; nous nous séparons sans qu'il y ait rien d'écrit entre nous. Ne manquez pas de le faire savoir à votre gouvernement.

C'était la même pensée qu'exprimait peu de jours après, d'une façon plus piquante, un agent russe occupant un poste très important, et que tous ceux qui ont traité avec lui reconnaîtront à la vivacité un peu indiscrète de ses propos : « La Russie et l'Autriche ne veulent pas intervenir dans la question des annexions accomplies : la Prusse a commencé la guerre sans consulter les autres États européens : elle a eu la chance d'être victorieuse ; elle a usé de sa victoire selon sa volonté, sans chercher l'assentiment de la Russie et de l'Autriche : elle a agi à ses risques et périls. Ce que la guerre lui a donné, la guerre peut le lui ôter ;

elle a conquis, qu'elle soit conquise à son tour, cela ne nous regarde pas. »

A l'époque encore si troublée où ces assurances d'un appui sympathique de la Russie nous étaient données, on pouvait douter qu'elles fussent sincères et durables. La suite des faits a prouvé que la France avait droit d'y prendre confiance. On sait avec quel éclat et quelle fermeté le successeur d'Alexandre II devait persister dans cette ligne de conduite aussi loyale que sensée. Il n'est pas sans intérêt de faire voir quels en furent le point de départ et l'origine pour en partager équitablement entre le père et le fils la reconnaissance et l'honneur.

Voici avec quelle finesse exempte de présomption M. de Gontaut, une fois la réunion des souverains terminée, résumait son jugement sur les dispositions qu'il avait pu pénétrer :

« J'hésite à croire, écrivait-il, que l'Allemagne ait obtenu ce qu'elle désirait. Sans viser précisément à un acte hostile contre la France elle a cherché, dans une rencontre très cordiale et très intime des trois souverains les plus puissants du continent, une manifestation dont la signification tournât un peu à la confusion de la France. Quoi qu'elle dise encore, elle aurait vu, avec un certain orgueil, les souverains reconnaître, par un acte explicite, les modifications territoriales survenues par suite de la dernière guerre. A-t-elle réussi sur ces deux points ? Je ne le pense pas. La Russie et l'Autriche estiment que la France est nécessaire à l'Europe. Elles sont d'avis que la France a suffisamment souffert et elles tiennent à l'encourager dans les efforts heureux qu'elle fait pour se relever, témoins les éloges donnés par Alexandre et François-Joseph, et par le chancelier de l'empire russe à la réorganisation de notre armée. La Russie et l'Autriche veulent donc une France forte, et l'Allemagne voudrait garder une France faible. Voilà une différence capitale entre la politique des trois puissances, dont l'Allemagne, quoi qu'elle fasse, sera bien obligée de tenir compte !

» Depuis ses victoires, ajoute-t-il, la presse de ce pays traite avec dédain l'idée d'un équilibre européen, elle n'en veut plus parce qu'elle vise pour elle-même à la prépondérance. Personne n'osait donc plus prononcer le mot depuis les malheurs de la France et voilà qu'il reparaît dans la langue de la politique; ne disons pas encore que ce soit une victoire pour notre pays : c'est du moins une preuve que justice commence à lui être rendue. »

Rien assurément n'était mieux fait que cette éclaircie de l'horizon européen, pour nous faire désirer impatiemment le complément de notre libération. Aussi M. de Gontaut s'apprêtait-il, d'après l'ordre de M. Thiers, à entrer en pour-parlers pour faire effacer de la dernière con-vention le délai d'occupation que notre état financier ne justifiait plus et par suite les clauses de garantie qu'on y avait jointes. Tout le portait à croire qu'il se ferait assez facilement écouter, quand un grave incident de notre politique intérieure vint jeter autour de lui un trouble inattendu et l'empêcher même pour un temps d'engager la conversation.

Le 13 novembre 1872, le jour où l'Assemblée nationale se réunissait, après une courte
suspension de ses travaux, M. Thiers, paraissant lui-même à la tribune, donnait lecture
d'un message, où, après avoir résumé avec sa
précision et sa clarté habituelles tout l'ensemble des transactions financières et diplomatiques auxquelles il avait si habilement
présidé, il proposait nettement à l'Assemblée
de procéder sans délai à l'établissement définitif du gouvernement républicain : « La
république, disait-il, existe, vouloir autre chose
serait une nouvelle révolution et la plus redoutable de toutes... La république, disait-il
encore, doit être le gouvernement de la nation

qui ayant voulu longtemps et de bonne foi laisser à un pouvoir héréditaire la direction partagée de ses destinées, mais n'ayant pas réussi par des fautes impossibles à juger aujourd'hui, prend enfin le parti de se régir elle-même et elle seule par ses élus. » A la vérité, il se hâtait d'ajouter que la république, telle qu'il la concevait, devait être et rester essentiellement conservatrice, et il réclamait les institutions propres, suivant lui, à lui conserver ce caractère : l'extension des prérogatives du pouvoir exécutif, la constitution d'une seconde Chambre, une loi électorale régularisant l'usage du suffrage universel ; mais il n'importe, le coup était porté. C'était la rupture de la trêve des partis connue, comme je l'ai dit, sous le nom de pacte de Bordeaux et la guerre ouvertement offerte au parti monarchique de l'Assemblée. On sait avec quelle prompte repartie le défi fut relevé par M. Audren de Kerdrel, qui, prenant la parole sur-le-champ, proposa et fit adopter, séance tenante, la nomination d'une commission chargée de rédiger une réponse au message du président. Ceux qui ont assisté à cette journée mémorable ne peuvent oublier dans quel état d'indescriptible agitation, après cette passe d'armes inattendue, l'Assemblée se sépara.

Quand la nouvelle de ce bruyant incident arriva à Berlin, ce serait trop de dire que l'émotion fut égale : on n'y prenait pas autant d'intérêt à nos affaires : mais la surprise au moins fut pareille. Personne ne s'attendait à cet éclat imprévu d'une guerre civile parlementaire. On s'étonna autant, et peut-être plus encore, de la provocation de M. Thiers que de la réplique qui l'avait suivie. On savait bien que des dissentiments, d'une nature parfois assez grave, s'étaient déjà élevés entre l'Assemblée et l'homme illustre investi par elle du pouvoir. On s'était même préoccupé, à plusieurs reprises, des menaces de démission que M. Thiers avait fait entendre quand les intentions de l'Assemblée avaient paru de nature à contrarier les siennes ; mais, en définitive, ces menaces ne s'étaient jamais réalisées, les différends s'étant toujours terminés par un accommodement, dont le plus souvent l'Assemblée avait fait les frais. C'était ce qui avait eu lieu en particulier à propos de la loi militaire, le service personnel obligatoire étant, comme je l'ai rappelé, la seule des préférences un peu marquées de l'Assemblée qui eût pu gêner M. Thiers dans le cours de ses négociations patriotiques, et l'Assemblée s'était résignée, bien qu'à regret, à lui en faire le sacrifice. Sur tous les autres points qui pouvaient intéresser le grand œuvre de la libération nationale, l'accord (quoi qu'en aient dit plus tard de maladroits panégyristes de M. Thiers) avait été aussi complet qu'empressé. Tout ce qu'il avait demandé ou désiré en vue de cette cause sacrée avait été accepté, sans débat et sans discussion, par tous les partis. En un mot, la France, quel que fût l'effet déjà trop sensible de ses divisions intérieures, s'était toujours montrée résolue à rester, tant que l'étranger aurait le pied sur son sol, unie pour le regarder en face. Si quelqu'un avait intérêt à lui voir prolonger cette attitude pleine de dignité, c'était celui qui portait la parole en son nom, car il représentait ainsi la nation tout entière, et il pouvait se porter fort que les engagements qu'il prendrait pour elle seraient respectés, quels que fussent, soit le chef qu'elle mît plus tard à sa

tête, soit les institutions destinées à la régir.
Pourquoi donc se pressait-il de troubler
l'unanimité dont, ne fût-elle qu'apparente, il
recueillait plus que personne le crédit et l'honneur ? Par quelle hâte peu justifiée courait-il
le risque, en livrant son pouvoir au hasard
d'un débat orageux, d'infirmer l'autorité de
son mandat et même la valeur de sa signature?
Pourquoi ne pas attendre au moins quelques
mois encore pour mettre le sceau à l'acte final
qui devait faire sa gloire?

Ce fut la question que chacun se posa et
dont on demanda compte surtout à M. de
Gontaut. « Le message de M. Thiers est donc
tout à fait républicain ? lui disait avec son
trouble visible le baron de Schleinitz, président
du conseil des ministres. Mais c'est la vio-
lation du pacte de Bordeaux. Qu'est-ce que cela
signifie et où cela mène-t-il ? » Pris au dépourvu,
comme tout le monde, l'ambassadeur était
moins que personne en état de répondre, car
pendant le rapide passage qu'il venait de faire
à Paris, M. Thiers, qui connaissait ses sentiments, ne lui avait (pour les ménager sans
doute) rien laissé pressentir de ses intentions

personnelles. Loin de là, l'entretenant, sur un ton qui semblait confidentiel, du message qu'il était occupé à préparer, son langage était resté assez vague pour faire croire que si quelques dispositions législatives étaient demandées à l'Assemblée, ce serait uniquement pour donner à l'esprit conservateur des garanties contre l'invasion des idées et des passions révolutionnaires. L'illusion de M. de Gontaut avait été telle, qu'il n'avait pas craint de la faire partager au chancelier russe Gortchakof, qui, avant de quitter Berlin, avait encore voulu le recevoir en audience particulière. Par malheur, ce fut le soir même de cet entretien qu'arrivait le télégramme relatant la séance de l'Assemblée ; aussi le chancelier, rencontrant l'ambassadeur le lendemain, « me témoigna, dit celui-ci, une surprise qui ne m'échappa pas, et que, au fond, je partageais avec lui, avec un sentiment de tristesse en plus. Il sortait de chez l'empereur Guillaume, et je suis fondé à croire que leurs impressions étaient fort semblables. Je n'avais eu qu'un résumé du message, j'essayai de le justifier en répondant au prince Gortchakof que j'y voyais deux choses : la constatation de l'existence de la république *en fait*, ce qui ne pouvait être nié, et la nécessité absolue de l'entourer de garanties conservatrices ; cette dernière déclaration étant le point capital du message, chacun devait en être satisfait en France et en Europe. »

Pour un homme qui ne savait trop ni que dire ni même que penser, on ne pouvait s'en tirer de meilleure grâce. Mais il fallait pourtant rendre compte à Paris de l'inquiétude générale, et M. de Gontaut eût manqué autant de franchise que de dignité, s'il n'eût pas laissé voir assez clairement combien il était gêné d'avoir paru trompeur ou trompé et de n'avoir à donner de son erreur que des explications qui ne pouvaient contenter personne, puisqu'elles ne le contentaient pas lui-même.

J'avoue qu'aujourd'hui encore, et en raisonnant sur ces faits avec le calme et l'impartialité de l'histoire, à laquelle ils appartiennent, je ne comprends pas mieux (peut-être même puis-je comprendre moins que le premier jour) par quel motif M. Thiers jugea convenable de choisir ce moment critique pour aller au-devant d'une explication avec le parti monarchique, qui était tôt ou tard inévitable, mais qui ne fut jamais moins opportune. Pouvait-il réellement s'imaginer que des collègues, dont plusieurs étaient ses amis et avec qui il vivait familièrement depuis deux années, allaient lui permettre sans réclamation de passer, avec cette aisance cavalière, sur toutes les promesses qu'il leur avait faites? Ce serait le supposer trop dénué de cette connaissance des hommes qui fait une partie essentielle de l'art de les gouverner. A la vérité, il pouvait être encouragé dans cette illusion par la résignation avec laquelle cette majorité royaliste l'avait laissé, dès le lendemain des engagements pris envers elle à Bordeaux, y donner une interprétation absolument contraire au sens naturel des mots, tel que nous l'avions tous compris. Il était clair, en effet, et nous le savions déjà tous, que, loin de se maintenir à l'égard des questions constitutionnelles dans cette neutralité scrupuleuse que (si nous avions bien entendu) il avait juré *sur son honneur* de maintenir, il s'était cru en droit de pencher ouvertement vers la solution républicaine et qu'il n'avait jamais négligé un moyen pour en préparer le succès.

C'était à assurer à la république la propriété légale du fait dont elle avait la possession, qu'il avait consacré toute l'influence due soit à la rénommée de son heureux génie, soit à la faveur populaire ; il avait mis en œuvre, dans cette vue, tous les ressorts de cette puissance administrative, qui est toujours si grande en France, et toutes les séductions de sa brillante conversation. Si ses rapports avec chacun de nous étaient restés bienveillants, la confidence, l'intimité, le cœur, appartenaient à la gauche républicaine. Personne de nous ne se faisait d'illusion à cet égard. Il était pénible assurément de voir accomplir et avancer de jour en jour un travail hostile et, suivant nous, destructeur. Mais l'urgence de la crise nationale et l'intérêt de ne pas la compliquer par une crise intérieure nous avaient obligés de laisser faire et de fermer les yeux, même à l'évidence. Seulement, la grande, la décisive question n'était pas et ne devait pas être résolue sans nous, et cela, du moins, sans équivoque, nous était promis. On pouvait donc prendre patience, en attendant le jour de l'échéance. Mais voici qu'avant ce jour venu, on nous faisait savoir, non seulement que la question ne serait pas posée, mais qu'on nous refusait avec hauteur le droit de la discuter! Il y avait dans le sans-gêne de ce procédé quelque chose de particulièrement blessant, dont il paraît difficile que M. Thiers n'eût pas pressenti l'effet. Il pouvait d'autant moins s'y méprendre qu'il connaissait parfaitement la nature des sentiments dont nous étions tous animés et dont la sincérité méritait non seulement ses égards, mais son estime. Parmi les partisans dévoués de la royauté, les uns, pour rester fidèles au principe qui leur était cher, avaient renoncé, dès leur jeunesse, aux avantages d'une condition élevée, et passé les plus belles années de leur vie dans une retraite dont ils n'étaient sortis qu'à l'appel du pays en détresse, avec ce dévouement modeste dont M. de Gontaut donnait l'exemple; d'autres étaient les propres élèves de M. Thiers lui-même, puisque c'était à l'école des chefs parlementaires dont il demeurait le plus illustre survivant, qu'ils avaient appris à redouter les périls auxquels la mobilité du pouvoir suprême expose une grande nation. C'était sur cet ensemble de convictions et d'affections d'origine et de caractère divers, mais tous également respectables, c'était sur les plus glorieux souvenirs du passé, sur tous les conseils de l'expérience, sur toutes les menaces de l'avenir qu'on nous demandait de passer à l'ordre du jour, avec une prétérition dédaigneuse et par une sorte de question préalable.

Notre irritation était naturelle. Nous eûmes peut-être le tort d'y trop céder en donnant de la conduite dont nous étions froissés à bon droit une interprétation plus blessante encore que ne l'était le fait lui-même. Nous avions vu à plus d'une reprise M. Thiers faire fléchir la volonté de l'Assemblée en la menaçant d'une démission qui aurait interrompu et compromis le cours de la négociation vitale dont il était chargé : nous crûmes qu'il voulait encore user de ce moyen d'influence, ou plutôt d'intimidation, pour enlever de force notre adhésion à la république, et nous fûmes conduits à supposer que, afin de nous ôter la liberté de nous y refuser, il ne voulait pas attendre le moment où le dernier soldat allemand ayant quitté le territoire, et sa tâche étant ainsi accomplie, sa présence au pouvoir aurait pu nous paraître moins nécessaire, et nous nous résignerions plus aisément à sa retraite. C'eût été au fond une manière indirecte de nous faire républicains malgré nous par la crainte d'une complication nouvelle avec l'étranger. Tenter de résoudre ainsi une question qui, pour nous, était une affaire de conscience, c'était exercer une pression morale bien propre à révolter des gens de cœur. Un jugement plus calme me fait hésiter aujourd'hui à prêter à M. Thiers un dessein qui n'eût pas été digne de lui. En tout cas, si un calcul de cette nature avait pu traverser son esprit, il n'y en eut jamais de plus complètement trompé : car, en provoquant un débat dont il aurait dû prévoir la gravité, non seulement il ne hâtait pas l'avènement de la république ; mais, par un effet tout contraire, ce qui fut retardé et un instant compromis, ce fut la solution libératrice qui était l'objet de ses vœux comme des nôtres.

Voici, en effet, ce qui ne pouvait manquer d'arriver. La lutte engagée entre le président et l'Assemblée jeta tous ceux qui, de l'étranger et surtout de Berlin, essayaient d'en comprendre la nature et d'en suivre le cours dans un état de confusion d'esprit, dont M. de Gontaut trace dans ses *Souvenirs* une exacte et vivante peinture. Entre les deux partis aux prises, personne ne savait plus de quel côté étaient le droit, la raison, les chances de succès, à qui prendre intérêt et en qui placer sa confiance. En principe, presque tous les vœux étaient pour la monarchie ; l'établissement d'une grande république au centre de l'Europe n'était accueilli avec faveur dans aucun des milieux politiques. A l'exception de M. de Bismarck, qui voulait garder une France républicaine par des raisons qu'il ne cachait pas, mais qui n'avaient rien de flatteur ni pour la république ni pour la France, il n'était personne qui ne pensât que le rétablissement de la royauté était l'issue raisonnable et désirable de nos longues crises révolutionnaires. Mais on croyait pourtant savoir (et malheureusement sur ce point on ne se trompait pas) qu'entre les royalistes de l'Assemblée et le seul représentant possible du principe héréditaire, l'accord de vues était loin d'être complet : la fusion des deux branches de la maison royale de France, tentée à plusieurs reprises, n'était pas opérée ; les espérances monarchiques étaient tenues ainsi en doute et en suspens par un motif difficile à comprendre, mais qui inquiétait d'autant plus qu'il étonnait davantage. De plus, les hommes qui parlaient au nom du parti monarchique étaient peu connus : la longue opposition qu'ils avaient faite au régime impérial ne leur avait permis d'acquérir ni la notoriété ni l'expérience que donne le maniement du pouvoir. M. Thiers avait sur eux l'avantage d'une renommée acquise de longue date et qui avait heureusement grandi par la ligne de conduite à la fois loyale et sensée qu'il venait de suivre dans la plus épineuse des négociations. On ne lui faisait que deux reproches : l'un auquel il ne pouvait rien : c'était son âge qui ne permettait pas de croire qu'on ferait un long bail avec lui ; l'autre, c'était celui auquel son message venait, si mal à propos, de donner prise : sa prédilection, dont on ne pouvait comprendre le motif, pour l'idée républicaine et l'encouragement donné par lui au parti qui, par ses doctrines et son passé, était considéré comme hostile aux intérêts conservateurs. Il était un nom en particulier dont l'opportunisme n'avait pas encore dénaturé la légende et qui était regardé comme un épouvantail par tous les amis de la paix : c'était celui de M. Gambetta. On ne le voyait pas sans une sorte d'effroi figurer parmi les alliés de M. Thiers, dans sa lutte contre les monarchistes.

Dans cet état d'incertitude qu'on s'explique assez facilement, un parti, dont il n'y avait pas lieu d'être étonné, fut pris par ceux qui nous tenaient encore à discrétion : ce fut de ne plus rien discuter avec nous, de ne plus laisser faire un pas de plus vers notre délivrance, tant que durerait la querelle engagée entre les deux pouvoirs. La raison qu'on devine sans peine, c'est qu'avant de traiter avec la France, il fallait savoir qui avait qualité pour signer en son nom, et, les articles d'une convention nouvelle une fois accordés, qui serait là le lendemain pour les exécuter. Mettez-vous d'accord, si vous voulez qu'on vous écoute : ce fut le conseil, après tout assez sage, qui nous était donné, et il y a lieu de croire qu'il était dû surtout au sens pratique et au bon esprit du vieil empereur. M. de Bismarck aurait peut-être préféré voir la discorde se prolonger, en se proposant de l'envenimer pour en tirer parti. Quoi qu'il en soit, ce fut à M. de Gontaut que revint la charge de faire savoir, tant au chef dont il dépendait encore, qu'aux amis qu'il avait laissés à l'Assemblée, qu'un intérêt supérieur leur commandait de mettre un terme, ou du moins une sourdine, à leurs dissentiments.

Ce fut M. Thiers qui, recevant le premier avis, sentit aussi le premier sa faute et, avec la souplesse naturelle de son esprit, ne fut pas longtemps à trouver le moyen de la réparer. L'occasion, qui se présenta et qu'il ne manqua pas de saisir, lui fut fournie par une proposition de M. Gambetta, tendant à obtenir la dissolution immédiate de l'Assemblée. Ce moyen hasardeux, qui tenait du suicide, n'étant du goût de personne, pas plus du président que de l'Assemblée, ce fut un terrain de rapprochement tout naturellement trouvé. Le garde des sceaux, M. Dufaure, qui, par ses attaches et son peu de goût bien connu pour les relations que M. Thiers s'était créées dans la gauche avancée, nous inspirait plus de confiance que son chef, fut chargé de la combattre, et, peut-être pour le mettre plus à l'aise, M. Thiers lui-même s'abstint de paraître à la séance. L'éloquence de M. Dufaure, partant du fond le plus intime de sa conscience, eut, ce jour-là, un caractère d'émotion inaccoutumée, qui excita dans nos rangs un véritable enthousiasme. Ce fut alors une de ces séances de réconciliation attendrie dont la première Assemblée nationale de France avait donné plusieurs fois le spectacle et dont le caractère est malheureusement plus touchant que durable. A l'unanimité, on accepta la nomination d'une grande commission qui, sans résoudre et même sans aborder la question de la forme définitive du gouvernement, offrirait à M. Thiers, pour tout le temps que durerait le régime provisoire personnifié en lui, les moyens de gouvernement qu'il paraissait désirer. Les conditions de ce véritable baiser Lamourette furent nettement posées par M. le duc d'Audiffret-Pasquier en ces termes : « Dans les circonstances où nous sommes, ne voulant pas diviser le pays, nous acceptons loyalement la discussion qui nous est offerte sur certaines lois organiques pour perfectionner et consolider l'état actuel. Mais ne nous demandez ni le reniement de notre passé ni un acte de foi qui nous fermerait l'avenir ; nous ajournons seulement nos espérances. »

Le plus satisfait d'un résultat qui le faisait respirer à l'aise, ce fut assurément M. de Gontaut ; mais il ne fut pas le seul à Berlin à éprouver ce soulagement. Tout le monde lui en faisait compliment. « Nous voilà rassurés, lui disait le sous-secrétaire d'État des affaires étrangères ; on ne savait pas bien hier de quel côté M. Thiers penchait, mais il a maintenant pour lui le côté droit, les conservateurs ; qu'il continue donc à marcher avec eux. » Il n'y eut pas jusqu'à M. de Bismarck, qui ne voulût pas rester en arrière des félicitations.

— Au fait, me dit-il, avec un accent des bons jours, moitié serein, moitié gouailleur, puisque les monarchistes n'ont pas encore pu s'entendre, il n'y a pas d'autre parti à prendre que de soutenir l'ordre de choses actuel : il faut que vous gardiez Adolphe Ier.

— Volontiers, lui répondis-je, à condition qu'il n'aura pas d'héritier.

Enfin, la détente générale fut si marquée, que, dès les premiers jours de janvier 1873 (le vote conciliant avait eu lieu le 15 décembre précédent), M. de Gontaut pouvait faire accueillir des ouvertures tendant à supprimer, par un acquittement anticipé, les derniers délais qui retardaient encore la retraite des troupes d'occupation.

Mais la tâche de la fameuse commission des Trente (on l'appelait ainsi, et elle fut aussi fameuse alors qu'elle a cessé de l'être aujourd'hui) n'était pas si facile qu'on se l'était imaginé dans un jour d'entraînement oratoire. La ligne qu'elle avait à suivre avait été tracée par M. d'Audiffret-Pasquier, avec toute la netteté possible, mais elle n'en restait pas moins étroite et glissante. A le bien prendre, il y avait, dans les termes où la question était posée, deux choses, sinon de contradictoires, au moins difficilement conciliables. Il s'agissait d'organiser une situation provisoire : or le provisoire, par sa nature, né sous l'empire de circonstances qui font sa raison d'être et déterminent ses conditions, ne comporte guère d'organisation ; et les institutions organiques ont, de leur côté, assez naturellement un aspect définitif. Il résultait de là que chacune des deux parties que la commission avait à tâche de concilier, et qui avait dans son sein des représentants toujours en éveil, cherchait à tirer dans son sens le caractère un peu hybride des dispositions qu'on voulait prendre. M. Thiers avait évidemment pour but (et il ne s'en cachait pas) de faire tracer à la commission les linéaments principaux d'une constitution républicaine : mais la majorité, très décidément monarchique, ne voulait ni rien dire, ni rien laisser passer dont on pût tirer un préjugé contre la solution qu'elle n'aurait peut-être pas été en mesure de proposer immédiatement, mais qu'elle voulait rester libre de présenter à la fin de l'interrègne convenu dont on voyait approcher le terme. Dans ce conflit de desseins contraires, il n'était pas, je ne dirais pas un article, mais même un mot, une syllabe de toutes les dispositions mises en discussion, qui ne donnât lieu à un débat sur le fond aussi bien que sur la forme ; et, après plusieurs semaines de délibération, on était moins avancé que jamais, et peut-être plus menacé de ne pas s'entendre.

Le secret des débats intérieurs d'une commission n'existe pas, surtout quand elle est nombreuse et divisée ; et je vois encore la porte de la salle du palais de Versailles, où nous délibérions, assiégée par les messagers des journaux des diverses nuances, leur crayon à la main, venant prendre note de tous les incidents de nos séances. C'était autant de copie fournie en même temps à la presse étrangère et surtout allemande, et toutes nos alternatives de décisions proposées, prises ou rejetées, avaient par là leur contre-coup sur la discussion parallèle que suivait, à deux cents lieues de là, l'ambassadeur de France avec les ministres prussiens. La négociation avançait ou reculait suivant que l'accord de M. Thiers et de l'Assemblée devenait plus probable ou restait problématique. Si je n'avais peur de me servir d'une métaphore un peu hasardée, je dirais que c'était du pas que les deux pouvoirs feraient l'un vers l'autre que dépendait la marche plus ou moins rapide des troupes allemandes vers la frontière qu'elles devaient passer.

On conçoit quelle gêne et en quelque sorte

quel agacement nerveux le moindre accroc de ce char si mal attelé faisait éprouver au malheureux négociateur. A bout de patience, après quelques semaines, M. de Gontaut se décida à peindre tout l'embarras de sa situation à un de ses amis, membre de la commission des Trente, dans une lettre dont les termes, quand même le texte ne serait pas conservé, seraient restés gravés dans ma mémoire :

« Vous êtes en train, nous faisait-il dire, de perdre le terrain que vous aviez gagné pendant ces derniers mois. Dans le gouvernement allemand, comme dans la plupart des gouvernements étrangers peu sympathiques à la proclamation de la république, même conservatrice, on avait applaudi à votre résolution de faire dominer les influences conservatrices dans la direction des affaires et à la fermeté dont vous aviez fait preuve pour maintenir le gouvernement sur ce terrain. On redoutait les menées de la gauche et l'empire que ses adroites flatteries pouvaient exercer sur le président, et on voyait d'un œil très favorable l'union de M. Thiers avec la droite. Mais la politique étrangère de M. Thiers, ses efforts pour ramener l'ordre à l'intérieur, pour reconstituer les finances et même l'armée, ont inspiré une sympathie réelle pour lui, voire même une admiration sincère, et, en résumé, une grande confiance pour sa personne. On n'est donc pas disposé à approuver tout ce qui paraît destiné à amoindrir sa personnalité, à diminuer des pouvoirs dont on s'accorde à louer l'usage qu'il a fait jusqu'à présent, encore moins ce qui pourrait l'amener à se démettre de sa présidence... On ne comprend donc pas les longues et subtiles discussions de la commission des Trente, et on s'étonne qu'on attache tant de prix à des institutions normales et pondérées pour une situation et des circonstances anormales et évidemment transitoires... On accuse la majorité de la commission, c'est-à-dire la droite, d'entraver l'accord si désiré entre les conservateurs et M. Thiers.

« ... L'un des buts les plus importants de ma mission, ajoutait-il en terminant, c'est de rassurer l'Allemagne, non seulement sur l'acquittement de sa créance, mais encore sur l'apaisement des esprits, qui a pour conséquence la reprise des affaires, sur le retour de la tranquillité en France, au moins de faire saisir tous les motifs de l'espérance que nous avons d'arriver à la jouissance de ces biens. Ne rendez pas ma tâche plus difficile qu'elle ne l'est et ne le sera en tout état de cause. Tenez pour certain que la prolongation et l'accentuation du désaccord dans les dernières séances de la commission produisent ici un effet fâcheux dont nous ne pouvons manquer de subir le contre-coup dans les négociations relatives à la libération du territoire. »

Quand cette lettre me fut communiquée par celui de nos amis communs qui la reçut, je venais d'être désigné par la commission pour être son rapporteur. Je ne sais trop ce qui me valait cet honneur, car si mes convictions monarchiques ne faisaient doute pour personne, je ne figurais pas parmi les plus ardents à partager ni les confiantes espérances ni la vivacité des ressentiments contre M. Thiers, que j'entendais souvent exprimer autour de moi. Mais peut-être avait-on pensé qu'ayant par profession quelque habitude d'écrire, je serais plus apte qu'un autre à marquer la nuance délicate de la situation où nous nous trouvions.

La justesse des considérations si noblement exprimées par M. de Gontaut et la peinture de ses peines patriotiques me frappèrent vivement, et mon parti fut pris dès lors d'aller jusqu'au bout de toutes les concessions possibles pour faire aboutir la solution pacifique d'où dépendait le retour de notre patrie à sa complète indépendance. Je fis part de cette intention à quelques-uns de mes amis personnels qui s'y associèrent.

Nous fîmes prévenir M. Thiers par plusieurs intermédiaires de nos desseins de conciliation. J'entrai moi-même en relation avec les ministres que je connaissais : MM. de Rémusat, de Goulard et Dufaure; enfin, je fus admis à discuter avec M. Thiers lui-même les diverses formules qui pouvaient être employées pour répondre à ses exigences, en ménageant toutes nos réserves et en rentrant sur le terrain du pacte de Bordeaux, où, en apparence du moins, il consentait à se replacer. Je crois même me souvenir qu'une fois, pour mieux faire comprendre et faire apprécier de ses propres amis mes explications, il m'introduisit inopinément dans le conseil des ministres assemblés. Il mettait à m'entendre, à se placer à mon point de vue dans les difficultés que je lui soumettais, à se prêter aux expédients que je proposais pour en sortir, malgré un air de contrainte toujours visible, une patience qui me causait, je l'avoue, quelque surprise, car j'étais loin d'avoir été écouté avec autant d'attention, même quand, étant son ambassadeur à Londres, j'avais à lui rendre compte des embarras que je pouvais rencontrer dans les affaires que j'étais chargé de suivre. Je soupçonnais bien vaguement le motif de ce changement d'humeur et je n'en attribuais le mérite ni à mes bonnes intentions ni surtout à mon éloquence. Mais j'en ai eu plus complètement encore le secret depuis que les dépêches de M. de Gontaut m'ont appris avec quelle conscience ce digne agent de la France prodiguait ses avertissements à lui en même temps qu'à nous, sans se décourager par l'accueil maussade qu'il recevait à l'occasion. M. de Gontaut remplissait en réalité le rôle, si fréquent dans les comédies de Molière, du serviteur fidèle qui, pour rapprocher des amants en querelle, passe tour à tour d'un côté de la scène à l'autre et leur porte ses bons conseils. Mais il avait cette difficulté particulière que les amants, cette fois, ne s'aimant guère, ne se tendaient jamais à la fin la main que de mauvaise grâce. Je suis porté à penser que le jour où M. Thiers m'accueillit avec la confiance la plus touchante, ce fut celui où il venait de recevoir quelque lettre comme celle-ci :

Berlin, 1er février 1872.

« Je vous dois le compte rendu d'un entretien que je viens d'avoir avec un ami du roi... Cet ami est déjà venu me trouver deux ou trois fois dans des circonstances comme celle-ci, et s'est ouvert avec moi avec une sincérité et une confiance qui exigent en retour de notre part une grande discrétion... Il a abordé tout de suite la question de la situation intérieure de la France... Il est revenu alors sur les immenses périls que ferait courir à toute l'Europe le triomphe de la gauche et de

Gambetta, et m'a exprimé avec chaleur l'espoir que l'accord se ferait entre M. Thiers et la droite. Il a été jusqu'à me dire : « C'est le vif » désir du roi, et croyez bien que si cela » s'arrange, il n'y aura pas de difficultés de sa » part sur le retrait des troupes. » Je lui ai répondu que ses espérances sur ce point étaient très fondées. En politique, ai-je ajouté, il ne faut pas se servir du mot de certitude : mais les tendances vers une conciliation sont trop marquées depuis quelques semaines, elles s'accentuent trop tous les jours, elles sont trop nécessaires et trop raisonnables pour qu'il ne soit pas tout à fait conforme à la logique de dire : l'entente se fera. « Tant mieux, a repris » le comte ***, mais je vous le dis avec assu- » rance, tout dépend de M. Thiers, l'entente » de la Prusse avec la France est entre ses » mains. — Soyez tranquille, fit répondre » M. Thiers, qui venait peut-être de causer avec » moi, les Trente sont taquins et tracassiers, » mais ils seront sages et tout sera fini dans peu » de jours. » Et enfin, le 23, le rapport de la commission étant présenté à l'Assemblée dans des termes d'union convenus, il s'empressait d'écrire : « L'accord survenu avec les Trente produit une véritable joie. »

Effectivement, nous étions tombés d'accord d'une formule qui réunît la majorité dans la commission et ensuite dans l'Assemblée elle-même; malheureusement, cette majorité n'était pas formée comme je l'aurais désiré. Toute une partie de la droite refusa d'en faire partie et dut être remplacée par un nombre à peu près égal des amis personnels de M. Thiers. Cette division me peina profondément, et en relisant encore aujourd'hui le texte que je dus commenter et défendre, je ne puis comprendre comment on aurait pu s'y prendre dans les circonstances données pour arriver à l'entente immédiate qu'un si haut intérêt rendait nécessaire, tout en laissant toutes les portes ouvertes à l'avenir même le plus prochain de la monarchie. Le pouvoir constituant de l'Assemblée était reconnu et réservé en tête même du projet, et les institutions que l'Assemblée promettait d'établir avant de se séparer, les attributions respectives des pouvoirs exécutif et législatif, l'établissement d'une seconde Chambre et la réforme de la loi électorale, étaient toutes parfaitement compatibles avec la monarchie et n'avaient rien dont on pût induire l'abandon ou l'oubli du principe héréditaire.

Je ne puis donc me rendre compte des scrupules qui non seulement empêchèrent une partie des royalistes d'y adhérer, mais donnèrent de leur part à la discussion du projet lui-même un caractère de vivacité et d'aigreur assez pénible. J'en souffris d'autant plus que je voyais bien que mon rapprochement momentané avec M. Thiers donnait lieu contre moi à d'injustes et assez puériles suspicions et qu'il m'était interdit d'indiquer, même en tournant les yeux vers notre frontière encore occupée, le motif principal qui m'avait fait agir.

J'avais vainement essayé de le faire comprendre par ces mots du passage qui terminait le rapport : « C'est dans l'union des pouvoirs publics, avais-je dit, que la France place son espoir ; c'est cette union cimentée par des sacrifices et des efforts communs qui va bientôt effacer les derniers vestiges de l'invasion étrangère » : la dignité ne permettant pas de parler plus clairement du haut d'une tribune française [1].

Je ne tardai pas à être bien consolé de ces quelques heures d'ennui, lorsque le projet, une fois voté, M. Thiers vint apporter à l'Assemblée une nouvelle et dernière convention qui, cette fois, ne laissait plus rien à désirer. Il avait suffi, en effet, que les premiers votes, portant sur le préambule comme sur les arti-

[1]. Tenant essentiellement à ne toucher aux questions relatives à la politique intérieure que dans la mesure où elles pouvaient intéresser la situation diplomatique de la France, à cette époque critique, j'ai dû passer sous silence toute une partie du projet élaboré par la commission des Trente, qui pourtant avait donné lieu à des débats très vifs. Je veux parler de règles établies pour réduire à des cas déterminés et assujettir à des conditions spéciales les communications directes du président de la République avec l'Assemblée. Cette réglementation tenant à un état essentiellement transitoire et exceptionnel avait uniquement pour but de prévenir les incidents qui s'étaient produits à plusieurs reprises : une altercation imprévue entre le chef de l'État et la majorité parlementaire, et sa démission à la suite d'un vote irréfléchi, entraînant à l'improviste deux crises politiques d'une extrême gravité. Rien de pareil ne serait évidemment aujourd'hui nécessaire. le président de la République dans la constitution actuelle, ne faisant plus partie d'aucune Assemblée parlementaire et n'ayant plus la prétention d'y paraître. Sans cette sage précaution, les crises présidentielles qui mettraient l'État tout entier en arrêt et en suspens seraient aussi fréquentes et aussi subites que les crises ministérielles, et c'est ce danger dont l'Assemblée était menacée à tout instant que la commission des Trente avait été chargée d'écarter.

cles placés en tête du projet, eussent attesté la conclusion de l'accord parlementaire pour que toutes les difficultés suscitées à Berlin, qui faisaient encore l'objet d'une correspondance active entre M. de Gontaut et M. Thiers, se fussent en quelque sorte évanouies, et tout était prêt pour une signature qui eut lieu juste quarante-huit heures après l'adoption de l'ensemble. Jamais résultat ne fut à la fois plus rapide et plus complet. Tout devant être payé le 5 septembre, tout serait libre le 5 juillet, sauf la place de Verdun et un rayon de quatre kilomètres à l'entour gardé en gage jusqu'au 5 septembre, ce court espace de temps étant regardé comme nécessaire afin de pourvoir aux dernières mesures requises pour faire disparaître les traces de l'occupation. Un instant, il avait été question de conserver, à ce titre, et pour le même délai, la place de Belfort dont le parti militaire de Berlin ne pouvait évidemment se résigner à se détacher. Quelques obstinés allaient même jusqu'à prétendre que cette précaution était indispensable pour prévenir les mouvements révolutionnaires que pourrait faire éclater la fermentation causée par la joie de l'affranchissement. Mais M. Thiers et M. de Gontaut, ayant repoussé avec indignation cette supposition injurieuse, M. de Bismarck se décida à effacer une condition dont l'apparence suspecte aurait compromis tout l'effet de ce grand succès moral. Le chancelier ayant de plus voulu signer lui-même la convention (peut-être pour ne pas en laisser l'honneur à son ambassadeur, M. d'Arnim, avec qui ses dissentiments devenaient publics), ce fut M. de Gontaut qui eut la bonne fortune bien méritée d'apposer son nom au texte libérateur et de léguer ainsi le plus touchant et le plus glorieux des souvenirs à une famille qui en comptait déjà tant d'illustres.

En prenant part à la joie générale, je ne pouvais me défendre de quelque contentement personnel d'avoir contribué, pour une petite et très humble part, à écarter quelques-uns des obstacles dont aurait pu être embarrassée la voie qui conduisait à ce terme désiré. M. Dufaure voulut bien m'en féliciter dans une lettre que j'ai conservée. Je ne fus pas tout à fait aussi heureux avec M. Thiers. Je crus, d'accord avec un des membres de la commission des Trente qui m'avait prêté le plus constant appui, devoir, dès le soir même, me mêler à la foule de ceux qui allaient lui faire compliment. Je crois, en vérité, qu'au premier moment, il ne se souciait pas de nous reconnaître, et il fit ensuite à nos félicitations un accueil qui ne nous encouragea pas à les renouveler. Nous ne pûmes nous empêcher, en descendant les escaliers de la Présidence, mon compagnon et moi, de nous regarder en souriant. Il était clair qu'on n'avait plus besoin de nous : je m'en doutais un peu, mais peut-être aurait-on pu attendre quelques jours avant de nous le faire sentir. Si, comme la malignité l'avait supposé, j'avais espéré quelque prix de mon concours, l'offre d'une nouvelle ambassade ou même d'un portefeuille, j'étais assurément loin de compte.

L'impression que je ressentis de ce changement de procédé (auquel je n'ai pas besoin de dire que, pour mon compte, j'étais complètement insensible), je la retrouve dans les souvenirs de M. de Gontaut qui eut de tout autres motifs pour l'éprouver. Traité avec tous les honneurs qui lui étaient si bien dus, puisque la plus haute des décorations nationales lui fut conférée en dehors de toutes les règles, par une exception à laquelle tout le monde applaudit, il vint passer quelques jours à Paris et là fut fêté également par M. Thiers et par ses amis de l'Assemblée.

— Je m'aperçus bientôt, dit-il, que, s'il y avait un point d'arrêt dans la préoccupation de la politique étrangère, il n'y en avait pas dans les divisions intérieures.

Effectivement, la paix qui lui avait rendu sa tâche possible et qu'il avait si activement contribué à rétablir, n'était qu'une trêve qui ne devait pas tarder à être rompue. Il s'en aperçut surtout à une réunion qui eut lieu à la Présidence et où figuraient des membres de l'Assemblée de différents partis. Il resta frappé de leur attitude hostile et réservée. Ce fut, je crois, à un dîner où j'étais convié et ne pus me rendre (je ne sais plus par quel motif), mais auquel prit part mon neveu, M. d'Haussonville, qui avait fait partie, avec moi, de la commission des Trente. Après le repas, la conversation tomba sur un incident qui venait d'avoir lieu et faisait beaucoup de bruit :

c'était l'expulsion du prince Napoléon, opérée par ordre de M. Thiers, bien qu'aucune disposition légale ne bannît de France les membres de la dernière famille impériale. Le caractère arbitraire de la mesure n'était donc pas contestable. Mais M. Thiers la défendit avec une extrême vivacité, affirmant qu'avec ou sans loi, un gouvernement avait toujours le droit d'éloigner ceux dont la présence menaçait son principe, et c'est « la règle, ajouta-t-il, que je suis décidé à appliquer au besoin à tous les prétendants, entendez-vous, monsieur d'Haussonville ? »

Si M. de Gontaut entendit ce propos, il n'est pas étonnant qu'il soit reparti le cœur plein de sombres pressentiments. « Avant de me mettre en route, ajouta-t-il, j'eus plusieurs entrevues avec M. Thiers. Le jour même où je prenais congé de lui, nous eûmes une conversation assez vive au sujet de son attitude, et, bien que je n'en aie pas retrouvé la note, je me rappelle fort bien lui avoir dit, sur le pas de la porte :

— Vous ne voulez donc pas vous placer au milieu des conservateurs ?

— Non, répondit nettement M. Thiers.

— Eh bien! prenez garde que ce ne soit votre perte.

Je ne croyais pas être si bon prophète.

CHAPITRE II

MINISTÈRE DU **24** MAI **1873**.

J'ai entendu souvent reprocher à l'Assemblée
nationale, dont **M.** de Gontaut faisait partie et
où je fus son collègue, d'avoir choisi le
moment où l'œuvre de la libération du territoire fut pleinement accomplie pour engager
avec **M.** Thiers le conflit dont le résultat fut
de lui faire quitter la présidence de la
République. On attendit, disent ces censeurs,
par un acte notoire d'ingratitude, pour lui
retirer le pouvoir, qu'il eût achevé de rendre
le service qu'on ne pouvait recevoir que de
lui. J'ai trouvé très récemment encore cette
accusation reproduite dans des termes d'une
extrême amertume par un des plus éloquents
amis de **M.** Thiers.

Je n'en connais pas de moins justifiée. C'est oublier que c'était M. Thiers lui-même, comme je l'ai déjà plus d'une fois rappelé, qui, au moment où il était mis à la tête de l'État par les suffrages de l'Assemblée, lui avait expressément demandé de ne soulever aucune question de nature à amener de graves dissidences dans la politique intérieure, — et notamment celle qui pouvait toucher à la forme définitive du gouvernement, — tant que la France captive ne serait pas sortie de l'étreinte de l'étranger. C'était lui qui, dans des termes pleins d'éloquence et d'émotion, avait fait jurer cette trêve à tous les partis. S'il avait pensé, depuis lors, que cet engagement (auquel il avait souscrit plus explicitement encore qu'aucun de nous) ne l'empêchait pas de favoriser ouvertement la solution républicaine, et même d'en proposer l'adoption avant le terme convenu, ce n'était pas une raison pour que ceux qui ne donnaient pas le même sens à leur promesse se crussent en droit de l'imiter. D'ailleurs, la précipitation, on l'a vu, lui avait mal réussi : la crise intérieure, prématurément provoquée par son message républicain du 12 novembre 1872, avait retardé et failli même compromettre le grand intérêt national. En s'abstenant de commettre la même faute dans un sens opposé, les royalistes faisaient acte de loyauté en même temps que de patriotisme. Mais, une fois la condition remplie jusqu'au bout et le délai fixé venu à échéance, ils rentraient par le fait même dans la plénitude du droit qui appartient aux membres d'une Assemblée constituante, et aucun scrupule ne pouvait plus les empêcher d'en faire usage. Quant au reproche d'avoir méconnu par ingratitude les services incontestables rendus par M. Thiers, je m'étonne qu'en matière constitutionnelle ou même législative, on puisse sérieusement prononcer un pareil mot. On ne fait ni des constitutions ni des lois par reconnaissance. Une nation doit à ceux qui l'ont bien servie tous les témoignages de gratitude, elle ne saurait les combler de trop d'honneurs et d'avantages de toute sorte ; la seule marque de déférence qu'elle ne doive pas leur donner, c'est celle qui consisterait à les laisser décider à leur gré des institutions qui doivent la régir. Établir un pacte constitutionnel dont doit dépendre l'avenir de plusieurs générations par égard pour les mérites ou les services d'un seul homme, ce serait un acte aussi coupable qu'imprudent. Peuple ou individu, on ne doit à personne le sacrifice de sa raison et de sa conscience. L'Angleterre n'a jamais passé pour une nation ingrate envers ceux qui ont bien mérité d'elle. Mais quel Anglais a jamais songé à laisser, même au vainqueur de Waterloo, le pouvoir un jour de plus que ne le lui conférait naturellement le libre mouvement des partis ?

Un conflit entre le parti monarchique de l'Assemblée et M. Thiers devait donc s'élever tôt ou tard, à moins que l'un ne fît le sacrifice de ses vieilles convictions, ou que l'autre ne renonçât à sa conversion récente, ce qui, étant donné les positions gardées ou prises, n'était guère, ni de part ni d'autre, à espérer. Le choc était inévitable, et cependant, ce ne fut point, on le sait, sur la question même de la forme de gouvernement — sur le choix à faire entre la république et la monarchie — qu'éclata la dissidence. Ce qui y donna lieu, ce fut l'alarme causée, non sans motif (et non pas seulement chez les royalistes, mais dans une très grande partie du public français), par le genre d'alliances que, pour mener à fin ses visées républicaines, M. Thiers était obligé d'accepter et même de rechercher. Sa situation, à la vérité, telle qu'il l'a définit un jour lui-même à la tribune, était singulière. Ne pouvant travailler seul à établir la république, il fallait bien qu'il prît des républicains pour auxiliaires. Or, parmi ceux qu'il pouvait trouver, il n'en était aucun avec lequel, — sauf sur ce point unique de la suppression de l'hérédité monarchique, — il ne fût séparé par quelque divergence de vues radicale. Tandis qu'en toute autre matière, administration, finances, cultes, instruction publique, les républicains de vieille date et de profession réclamaient des réformes conçues à un point de vue démocratique souvent très avancé, il restait, lui seul au milieu d'eux, animé d'un esprit conservateur qu'il poussait parfois jusqu'à la routine et opposé à toute espèce d'innovation. « Savez-vous, disait-il à l'Assemblée, le 29 novembre, dans la discussion qui suivit son message républicain, pourquoi on m'applaudit à gauche?

Ce n'est pas parce que je partage les opinions des honorables députés qui siègent sur ces bancs ; ce n'est pas parce que je partage les opinions, *non pas des plus avancés, mais des plus modérés*. Ils savent que, sur la plupart des questions politiques, sociales ou économiques, je ne partage pas leurs opinions. Non, *ni sur l'impôt, ni sur l'armée, ni sur l'organisation sociale, ni sur l'organisation de la république,* je ne pense comme eux. »

La conséquence de cet aveu était qu'il entrait en campagne pour la fondation de la république, avec le concours d'une armée qu'il devrait congédier une fois le succès obtenu, sans l'appeler en partage d'aucun des fruits de la victoire. Jamais général ne tint pareil langage à ses soldats. Comment s'y serait-il pris pour opérer cette manœuvre qui, à première vue, tenait du prodige ? Comment aurait-il résolu le problème de pratiquer, soit la république sans républicains, soit la conservation sans conservateurs ? J'avais peine à le comprendre alors, et je n'y réussis pas mieux aujourd'hui. Les résultats peu encourageants qu'ont obtenus ceux de ses amis qui ont tenté sans lui la même entreprise, les concessions regrettables qu'ils ont dû faire et dont ils ont tiré si peu de profit ne contribuent pas à dissiper cette incrédulité. A la vérité, il pouvait se croire plus apte que d'autres à se tirer d'un pas difficile. Sans avoir la naïveté de croire au désintéressement complet de ses amis de circonstance, il pouvait se flatter d'exercer, au moins sur une partie d'entre eux, assez d'ascendant pour en obtenir de grands sacrifices, et avec la souplesse de son talent, il pensait pouvoir se retourner à temps contre ceux qui ne voudraient pas s'y prêter. Mais, qu'il eût raison ou tort d'avoir cette confiance en lui-même, on était excusable de ne pas la partager : ce fut le cas d'une fraction notable de l'Assemblée, qui se serait résignée, bien que sans enthousiasme et même sans goût, à accepter de ses mains la république, mais qui, avant de s'engager, mettait à son assentiment une condition : c'est qu'il ne dévierait pas lui-même de la ligne de conduite étroite qu'il s'était tracée. Ces conservateurs timorés n'avaient ni déplaisance pour sa personne, ni dessein de porter atteinte à son pouvoir ; mais ils redoutaient l'influence que pouvaient exercer sur lui des alliances dont il avait constaté lui-même le caractère hasardeux et précaire, et c'était contre cette pression dont ils croyaient reconnaître les indices qu'ils tinrent à prendre des gages et à recevoir des garanties.

On sait quel fut l'incident qui fit prendre à ces alarmes un caractère aigu et à ces exigences la forme d'insistances tout à fait pressantes. Ce fut une suite imprévue de cette négociation même dont j'ai rappelé la lente élaboration, et en particulier de la part qu'avait prise à sa dernière phase, l'accord du chef de l'État avec la commission des Trente. La satisfaction causée par l'acte qui mettait fin à l'occupation fut si vive et si générale, que M. Thiers conçut l'idée très naturelle de le faire consacrer par une sorte de plébiscite. Une place étant devenue vacante dans la députation de Paris, il résolut de présenter son propre ministre des affaires étrangères aux suffrages de la capitale, alors, comme on peut se le rappeler, réunie en un seul collège. C'était justice, M. de Rémusat ayant prêté à son chef un assez utile concours pour être appelé en part dans l'honneur du résultat. Une fraction du parti républicain en jugea autrement, et ce fut la plus nombreuse. Ayant les yeux fixés bien plus sur le Parlement que sur l'étranger, ces Français à vues étroites s'étaient inquiétés de voir s'opérer un rapprochement même momentané entre M. Thiers et une partie de la droite de l'Assemblée. Le même fait s'était reproduit peu de jours après pour l'adoption d'une loi qui assimilait le régime municipal de Lyon à celui de Paris. C'était là une tendance qui pouvait dégénérer en habitude et à laquelle il leur parut qu'il fallait couper court. Un avertissement dut être donné par eux à M. Thiers pour le détourner de chercher dorénavant à s'appuyer sur d'autres suffrages que ceux qu'il pourrait trouver dans leurs rangs. En conséquence, un candidat obscur, dont le seul mérite était le caractère extrême de ses opinions démocratiques, fut opposé à M. de Rémusat et l'emporta sur lui à une majorité écrasante. S'il y eut jamais un acte d'ingratitude, c'est ce jour-là assurément qu'il fut commis.

Je ne me charge pas d'expliquer l'interprétation que donna M. Thiers à un échec qui avait dû le contrister. Fut-ce pour dissiper les ombrages du parti républicain qu'il crut devoir faire sortir de son cabinet, à cette occasion, celui de ses ministres qui paraissait se rapprocher de la droite de l'assemblée par des affinités d'origine et une communauté de sentiments? Peut-être ; mais si, par ce remaniement ministériel, le parti républicain fut en effet rassuré, les conservateurs ne le furent pas et ne pouvaient pas l'être. En tranquillisant les uns, il inquiétait davantage les autres. C'était la conséquence inévitable de l'équilibre instable où il cherchait à se maintenir. On ne vit dans cette concession faite à d'exigeants alliés que la preuve de l'empire qu'ils prenaient sur lui, et de la dépendance où ils pouvaient se flatter de l'avoir réduit.

L'effroi (le mot n'est pas exagéré) fut grand surtout dans ce groupe dont je viens de parler, et qui, prêt à suivre M. Thiers, craignait cependant de le voir entraîné sur une pente révolutionnaire : et ce fut ce sentiment, devenu très vif et assez général dans l'opinion publique, qui a donné son caractère à l'événement du 24 mai. La motion parlementaire dans laquelle

M. Thiers vit un vote de méfiance se bornait uniquement à lui demander une politique *résolument conservatrice*, et ce fut dans ces termes, étrangers à toute allusion aux questions constitutionnelles ou dynastiques, que la discussion, telle que j'avais mission de la placer quand je fus chargé de l'ouvrir, fut maintenue jusqu'au bout. J'ai assez connu à ce moment les dispositions de l'Assemblée et l'incertitude qui régna dans nos rangs jusqu'à la dernière heure, pour affirmer que si M. Thiers, annonçant l'intention de tenir compte de l'émotion visible du pays et de l'Assembléé, avait prononcé lui-même une parole, une seule qui fût de nature à rassurer ses partisans effrayés, il eût aisément détaché de la faible majorité qui lui parut hostile un nombre de voix suffisant pour la retourner en sens contraire. Il ne crut pas de sa dignité de faire aucune concession, même de langage : dès le soir même, sa démission était donnée et M. le maréchal de Mac-Mahon, qui ne s'attendait nullement à recevoir cet honneur ou plutôt à se voir imposer ce sacrifice, fut appelé à le remplacer à la présidence de la république.

J'ai dû rappeler brièvement ces faits, dont le récit complet exigerait beaucoup de détails et de commentaires qui seraient ici déplacés, parce que les conditions dans lesquelles le nouveau pouvoir était constitué ne devaient pas être sans influence (comme on va le voir) sur la nature des relations que M. de Gontaut eut à entretenir avec le gouvernement prussien et surtout avec M. de Bismarck. M. le maréchal de Mac-Mahon m'ayant d'ailleurs appelé à ce moment à remplir le poste de ministre des affaires étrangères, c'est avec moi que tous les représentants de la France entrèrent en communication. J'aurai dès lors occasion de faire plus d'une fois appel, pendant ce court espace de temps, à mes souvenirs personnels pour confirmer et, sur certains points, compléter ceux de M. de Gontaut.

Il importait avant tout de faire comprendre à tous nos agents que le maréchal prenait le pouvoir tel que M. Thiers l'avait exercé. Rien n'était changé, pour le moment, dans le caractère pas plus que dans les attributions de la haute fonction dont l'un et l'autre avaient été investis, et le point sur lequel il convenait surtout d'insister, c'est que nulle modification n'était intervenue dans la direction de la politique étrangère, qui n'avait été en aucune manière mêlée à l'origine et devait l'être encore moins au résultat de la crise.

« Le différend (disait la circulaire que je fis rédiger dès le lendemain de mon entrée au ministère) entre la majorité de l'Assemblée nationale et M. Thiers n'a porté sur aucun point relatif à la politique étrangère. Vous pouvez vous souvenir que, pendant le cours des deux années qui viennent de s'écouler, la conduite adoptée par M. Thiers pour rétablir nos rapports avec les puissances étrangères, après les désastres de 1870, n'a fait l'objet d'aucun débat dans l'Assemblée. Des votes nombreux, au contraire, ont approuvé les efforts qu'a faits, avec succès, cet homme illustre pour effacer la trace de nos malheurs, et rendre à la France sa pleine indépendance nationale. Vous n'avez donc rien à changer aux instructions que vous avez reçues du dernier gouvernement; vous devez rester fidèle à la ligne qu'il vous a tracée. »

On se doute bien que, en tenant ce langage aux envoyés de la France dans toutes les cours, c'était surtout à Berlin et à M. de Gontaut que je pensais. Parlant à un ami, avec qui je n'avais jamais cessé d'être en relation malgré son absence, je n'avais rien à lui apprendre sur mes intentions, ni aucun effort à faire pour le convaincre de leur sincérité. Il avait trop bien apprécié l'appui que j'avais été heureux de lui prêter pour écarter toutes les entraves parlementaires apportées à la conclusion du dernier traité et m'en avait trop affectueusement remercié, quand nous nous étions revus à Paris, pour qu'il eût besoin d'être rassuré sur la bonne foi que je porterais dans l'exécution, et, quant à lui-même, sa signature ayant été donnée au nom de la France et non de M. Thiers personnellement, il n'avait nulle crainte d'en voir contester la validité.

Mais ce n'était là, il faut bien le dire, que l'apparence et, en quelque sorte, la surface de la situation. Dans toutes les relations de ce monde, internationales aussi bien que politiques ou privées, il faut attacher souvent moins d'importance à la régularité extérieure des actes et de la conduite, qu'à ce fond intime de sentiments qui ne se cachent et ne se taisent que pour être mis au jour d'un instant à l'autre, et à propos du moindre incident. C'est ce qu'il eût été très imprudent d'oublier, surtout dans les rapports constants et toujours très épineux que nous devions continuer à entretenir avec l'Allemagne. La facile exécution du traité lui-même dépendait encore du bon accord, et on peut même dire de la bonne grâce, des agents chargés de la prendre en main. Puis, entre des populations toutes pleines du souvenir d'une lutte récente, le voisinage même entretenait un esprit d'animosité réciproque dont l'expression, toujours prête à éclater, pouvait être aisément envenimée. Enfin, sur combien de théâtres les intérêts de la France, encore engagés, allaient-ils rencontrer l'ambitieuse activité du nouvel empire! Il importait donc essentiellement de savoir quelle impression causait à Berlin la révolution parlementaire accomplie à Paris, et si le maréchal et ses ministres pouvaient compter au moins sur la bienveillance relative que, dans les derniers temps de sa présidence, M. Thiers, pour

des raisons diverses, avait réussi à se ménager.
C'est sur quoi, sans perdre un instant, je voulus
interroger M. de Gontaut par une lettre particulière qui porte la date du 27 mai ; et, bien
que je ne pusse savoir alors, sur la complexité
des sentiments qui régnaient à notre égard
dans les entours politiques ou militaires de
Guillaume Iᵉʳ, ce que la lecture des dépêches
de M. de Gontaut m'a appris depuis lors, à la
manière dont je posais la question, il me semble
que je pressentais déjà la réponse qui me
serait faite.

« Comment l'événement du 24 mai, lui
disais-je, est-il vu *au fond* et en *réalité* à Berlin ?
Je ne parle pas des regrets plus ou moins vifs
que peut laisser la retraite de M. Thiers, à un
point de vue tout personnel, je ne doute pas
que vous les partagiez vous-même ; ceux qui
n'ont eu affaire qu'à sa politique extérieure et
qui ont été sous le charme de sa conversation
ne peuvent guère avoir d'autre impression. Je
ne parle pas non plus de certaines craintes
que peut exciter la présence d'un maréchal de
France à la tête des affaires. Vous me faites

l'honneur de croire que je n'aurai pas été huit jours au ministère sans que tout le monde sache en Europe et à Berlin que tous nos engagements seront tenus rigoureusement, que la politique, en un mot, qui nous est imposée par le sens commun le plus élémentaire sera suivie et même proclamée sur-le-champ. Mais, au vrai, de quel œil voit-on une réaction conservatrice en France? Lequel l'emporte de ces deux sentiments : celui de la solidarité de tous les gouvernements également menacés par le même esprit révolutionnaire, ou la crainte que cet heureux événement, arrachant la France à la chance de l'anarchie, ne lui en rende trop de se relever? Dans la bienveillance qu'on témoignait à M. Thiers, ne se mêlait-il pas quelque calcul? Ne pensait-on pas sans le dire, peut-être sans se l'avouer à soi-même, que le pouvoir d'un vieillard, dominé par de mauvais conseillers, ne donnait à la France qu'un repos matériel de quelques jours, nécessaire pour le paiement de notre dette, mais qui serait suivi de nouvelles crises dont on se réservait de profiter? Vous me direz sans doute que le sentiment est mélangé et varie suivant les personnes.

Mais, malheureusement, il n'y a guère qu'un seul homme à Berlin, et peut-être même en Europe, dont le sentiment compte, et c'est de celui-là surtout que je suis en peine; avez-vous quelque moyen de démêler sa véritable pensée et de me dire ce qu'elle nous promet de bienveillance ou nous réserve de désagrément? Dites-moi ce que vous pensez à cet égard. Je sais qu'il est difficile de démêler des impressions qui sont peut-être confuses chez celui même qui les ressent. »

« Les deux sentiments dont vous parlez, me répondait deux jours après M. de Gontaut, existent à la fois à Berlin : celui de la solidarité de tous les gouvernements, également menacés par l'esprit révolutionnaire, et la crainte de voir la France retrouver son ancienne splendeur. Lequel des deux l'emporte, cela est difficile à estimer et cela dépend des hommes. Il ne faut pas croire que l'influence du roi ne soit pas considérable ; il est très aimé, très considéré et est souvent en différend avec le chancelier ; car il est naturellement, par principe, beaucoup plus conservateur que lui. Le roi, je crois pouvoir l'affirmer, a favorablement accueilli le 24 mai ; il est particulièrement très sympathique à M. de Mac-Mahon, et tout ce qui est conservateur à Berlin partage la manière de voir du roi. Très certainement, il doit redouter le réveil de la France : mais lorsqu'il se décidait si difficilement aux conventions du 29 juin et du 15 mars, c'était plus par crainte du déchaînement de l'esprit révolutionnaire que par crainte de la revanche. En somme, chez lui, les deux sentiments existent, mais le premier domine l'autre. C'est la proportion inverse qu'on rencontre chez M. de Bismarck, et vous avez raison de dire que dans la balance des destinées européennes, aucune influence ne compte autant que celle du chancelier de l'empire d'Allemagne... Je conclus et je réponds : on a vu avec plaisir l'arrêt mis au progrès du radicalisme par l'avènement du nouveau gouvernement, mais on veut que la convalescence se prolonge bien longtemps, et on ne désire pas le rétablissement. C'est le sentiment de M. de Bismarck, et son esprit hardi autant qu'ingénieux ne négligera pas les occasions de nous empêcher de nous relever. »

Cette perspective n'avait rien d'engageant : mais je n'eus pas même le temps de m'y préparer. Quand je reçus la lettre de M. de Gontaut, je pouvais déjà vérifier la justesse de ses appréciations.

J'avais fait part aux gouvernements étrangers de l'avènement du nouveau président au moyen d'une simple notification adressée à leurs représentants à Paris et transmise en même temps par nos propres agents auprès des diverses cours. Puis, cette formalité, que je croyais suffisante, accomplie, j'avais, pour me conformer à l'usage, déposé ma carte à la porte de tous les ambassadeurs. L'ambassadeur d'Angleterre et celui de Turquie répondirent immédiatement à ma politesse par une visite personnelle. Mais de l'Allemagne, de l'Autriche et de la Russie, je n'entendis pas parler pendant plusieurs jours. Cette froideur me surprenait d'autant plus que j'étais entré personnellement en relation avec M. d'Arnim dans le salon de M. de Rémusat, que je rencontrais familièrement le prince Orloff chez des amis communs, et, quant au comte Apponyi, j'avais vécu avec lui dans une véritable intimité, quand nous étions collègues à Londres. Ce fut lui, en effet, qui me fit donner, par un intermédiaire amical, l'explication de sa réserve.

Il avait dû subir une exigence assez inattendue de M. de Bismarck, à qui une simple notification n'avait pas paru suffire. Pour reprendre avec le nouveau gouvernement de la France les relations diplomatiques, le chancelier allemand demandait que tous les agents reçussent du maréchal de nouvelles lettres de créance, celles qu'ils tenaient de M. Thiers lui paraissant devenues caduques. La prétention renversait toutes les notions du droit public qu'on m'avait apprises dans mon apprentissage diplomatique. C'est dans les monarchies seulement que les lettres de créance doivent être renouvelées à chaque changement de règne, parce que la souveraineté change elle-même avec la personne du monarque qui en est le représentant; mais, dans les républiques, le seul souverain c'est la nation qui ne change pas et dont le chef de l'État n'est que le délégué temporaire. C'est elle qui accrédite les agents et auprès d'elle qu'ils sont accrédités. M. de Bismarck, qui ne disconvenait pas du principe, donna à M. de Gontaut lui-même deux raisons pour y déroger. Notre république n'était que provisoire, et la traiter comme la Suisse ou les États-Unis, c'eût été lui reconnaître un caractère définitif. Puis, ajoutait-il avec une certaine insistance, il ne voulait pas s'engager à reconnaître indistinctement tous les élus qu'il nous plairait de mettre à notre tête, et, par une allusion aux souvenirs de la dernière guerre, il faisait clairement comprendre qu'il était tel personnage, en passe d'arriver ou plutôt de revenir au pouvoir, avec qui il ne lui conviendrait pas d'entrer en relation.

De ces deux motifs allégués pour justifier une nouveauté sans précédent, il en était un qui ne pouvait pas me déplaire. Je n'avais nulle objection à faire à ce qui pouvait constater le caractère provisoire de la forme républicaine ; mais j'en avais de très sérieuses à reconnaître à un État étranger, même dans une hypothèse que j'étais loin d'appeler de mes vœux, un droit de contrôle et de *veto* quelconque exercé sur le choix du chef que la France voudrait se donner. Partagé entre ces deux considérations, je recommandai à M. de

Gontaut de faire des réserves expresses sur le terrain du droit, mais, ces précautions une fois prises, de ne pas courir risque, pour une simple formalité dont l'interprétation était équivoque, de prolonger une suspension toujours fâcheuse dans des relations qu'il était urgent de reprendre. Je comptais sur sa dextérité accoutumée pour ménager avec dignité cette situation délicate. M. de Bismarck ne lui rendit pas la tâche commode. Du premier mot qui lui fut dit dans une seconde audience, au lieu d'engager un nouveau débat : « Soit, dit-il avec hauteur, qu'il en soit fait selon votre volonté : je vous ai averti : *Salvavi animam meam*. Mais M. d'Arnim me demande un congé pour des raisons de santé, et, puisqu'il n'aura pas de lettres de créance à remettre, il peut revenir, je l'y autorise. »

Puis il laissa entendre qu'avec sa réserve, mais probablement aussi dans les mêmes conditions, finirait également celle de l'Autriche et de la Russie ; du reste, ajouta-t-il, ces puissances ne s'étaient prêtées à suivre son exemple qu'avec une répugnance qu'il traita assez cavalièrement. Il n'était pas fâché de laisser voir dans quelles relations d'intimité en même temps que de dépendance ces deux États vivaient avec leur redoutable voisin. Il était évident aussi qu'il saisissait avec empressement l'occasion de mettre le nouveau gouvernement dans une sorte d'interdit, en face des grandes puissances d'Europe. Le jeu était clair, mais le piège visible. Il eût été par trop naïf de s'y laisser prendre.

L'échange des lettres de créance eut donc lieu pour se conformer à un caprice dont la mauvaise grâce faisait au fond toute l'importance. M. d'Arnim dut remettre les siennes au maréchal, et cet envoyé rendit compte de ce premier entretien dans une dépêche publiée quelques années plus tard, parmi les pièces du procès qu'il eut à subir [1]. Les termes de ce récit sont curieux, et comme on n'a pas eu peut-être les mêmes raisons que moi de les remarquer, je ne puis résister à la tentation de les reproduire.

---

1. On sait que M. d'Arnim fut révoqué l'année suivante, et ensuite mis en jugement pour avoir conservé sans droit et livré à la publicité des pièces confidentielles.

Paris, 2 juin 1873,

« Illustrissime, très puissant empereur et roi,
gracieux empereur, roi et souverain,

» Hier, j'ai remis au maréchal de Mac-Mahon mes nouvelles lettres de créance, ainsi que la réponse de Sa Majesté à la lettre de notification. Le maréchal, qui demeure encore dans son appartement particulier, rue de Grenelle, à Versailles, m'a prié de répéter à Votre Majesté qu'il considérait comme sa tâche d'entretenir les bons rapports qui existent en ce moment avec l'Allemagne, et qu'il se rappelait l'accueil aimable qu'il avait trouvé à Berlin, lorsqu'il y vint comme envoyé extraordinaire lors du couronnement de Votre Majesté. De même, il se souvient de la façon honorable dont il a été traité en Allemagne, lors de sa captivité. Le maréchal m'a raconté à cette occasion qu'après Sedan on le laissa libre de se rendre où il voudrait. Il alla d'abord à Givet, je crois. Lorsque l'état de sa blessure lui permit de se faire transporter, deux bataillons français se présentèrent pour l'emmener. La tentation de les suivre fut grande ; il n'avait, en somme, fait aucune promesse de se constituer prisonnier ; mais, en raison des égards qu'on avait eus, il se crut tenu à de grands scrupules, et il renvoya les deux bataillons. Il ajoute que cet incident n'était connu de personne. La réception qui se passa très simplement fut pourtant essentiellement différente de la manière toute sans façon de M. Thiers. Le maréchal était en uniforme, me reçut debout, en présence de son ministre, et me congédia avec la dignité d'un souverain. J'ai vu peu de Français qui ressemblassent moins au type ordinaire du Français que le duc de Magenta... Peut-être que cette façon sèche, simple et sans phrases du maréchal est plus propre à bien gouverner les Français que tout l'esprit de son prédécesseur [1]. »

En ma qualité de témoin, je puis garantir l'exactitude de ce petit tableau, car j'éprouvais la même impression et, dois-je le dire, la

----

1. Pro nihilo, *Antécédents du procès d'Arnim*, p. 94.

même surprise que M. d'Arnim. Je connaissais
encore peu le maréchal, et je savais qu'il avait
évité jusque-là d'entrer avec le représentant
de l'Allemagne en relation même de simple
politesse. Je n'étais donc pas sans inquiétude
sur la manière dont s'engagerait la conversation. Tout se passa avec une simplicité noble
dont je fus ému. Le léger embarras de parole
qui gênait parfois le maréchal dans les conversations ordinaires semblait avoir disparu, et,
à plusieurs reprises, je crus voir que c'était
au contraire son interlocuteur qui l'éprouvait. Ce fut avec un mélange vraiment rare
de dignité et de bonne grâce que l'ambassadeur extraordinaire de 1867 et le captif de
Sedan rappela le souvenir de ses bons comme
de ses mauvais jours : rien dans son langage
qui sentît ni l'abattement du malheur ni le
regret d'un éclat qui ne l'avait pas ébloui. La
remarque que je fis alors, j'ai eu l'occasion de
la renouveler plus d'une fois. En fait d'hommages et surtout de compliments, tout ce qui
ne s'adressait qu'à sa personne et à ses hauts
faits militaires était accueilli par le maréchal
avec un ennui mal déguisé et une modestie

parfois un peu gauche. Il se trouvait au contraire tout de suite à l'aise quand il s'agissait de recevoir au nom de la France les personnages considérables de l'étranger, ou même les princes qui venaient saluer en lui le chef de l'État. C'est que, ce jour-là, il s'oubliait lui-même et ne songeait qu'à son devoir. La hauteur de ses sentiments entrait alors naturellement en accord avec l'élévation du rang qu'il n'avait pas recherché.

Cette rude épreuve, si peu motivée, nous faisait attendre, à M. de Gontaut et à moi, plus d'une autre pareille. Si ce ne fut pas M. de Bismarck lui-même, ce fut la presse, connue pour être à ses gages et à son service, qui se chargea de ne pas nous laisser respirer; car, avant que le nouveau gouvernement eût pu faire un acte quelconque qui prêtât à une critique, il y eut un mot d'ordre scrupuleusement suivi par tous les journaux dont le chancelier pouvait disposer pour redoubler contre la France et tous ceux qui la représentaient, soit à l'extérieur soit à l'intérieur, d'invectives et de violences. A la vérité, M. de Gontaut, qui plus tard devait en pâtir plus qu'aucun autre, fut encore à ce moment, relativement ménagé.

Ce fut contre moi, contre ma personne très inoffensive (car jusque-là l'Allemagne n'avait pas eu plus à se plaindre ni à s'occuper de moi plus que de tout autre Français), qu'un véritable déchaînement d'injures eut lieu. Il n'y avait pas de calomnie en cours dans les bas-fonds de notre presse révolutionnaire qui ne fût enregistrée et mise à une place d'honneur dans les gazettes les mieux posées de Berlin, de Cologne ou de Francfort. Ni ma vie, ni surtout (je n'ai jamais su pourquoi) ma fortune privée n'étaient épargnées. J'étais perdu de mœurs et ruiné, et je n'avais pris le ministère que pour libérer, par des spéculations, mes propriétés grevées d'hypothèques et prévenir la saisie dont mon traitement de député était menacé. Il y avait à ce sujet un tel concert entre les écrivains français du plus bas étage et les Allemands du parage le plus élevé, qu'il était difficile de dire à qui appartenait le mérite de l'invention. J'ai toujours professé l'indifférence pour les attaques personnelles, d'où qu'elles viennent et quelles qu'elles puissent être, et je tiens que celui qui a le malheur d'y être sensible doit se tenir à l'écart de la vie publique._ Mais cette fois je dois convenir que, vu le certificat d'origine de ces diatribes renouvelées, j'allais plus loin que l'insensibilité : j'étais tenté d'y voir une distinction qui me flattait.

J'eus une occasion en particulier de constater, sans aucun doute possible, de quelle hauteur un trait m'était décoché. Monseigneur le duc d'Aumale, poursuivant l'instruction de ce lamentable procès Bazaine, qu'il a dirigé avec tant de conscience et une si haute supériorité, eut le désir d'examiner lui-même les lieux où s'étaient passées les scènes du drame dont il avait à faire comparaître devant lui les acteurs. Il me chargea de prévenir les autorités allemandes de son intention de visiter les champs de bataille des environs de Metz. Je m'attendais que cet avis serait mal accueilli : aussi je le fis parvenir directement (je ne sais plus si ce fut par M. de Gontaut ou par M. d'Arnim) à M. de Bismarck lui-même, en demandant le secret. Mais le refus (qui ne pouvait manquer) ne m'était pas encore parvenu que déjà tous les journaux officieux retentissaient de l'arrogance d'un prince français voulant faire dans les provinces annexées une apparition triomphale, et de l'inconvenance que le ministre avait eue de s'y prêter. Cette publicité indélicate n'eut qu'un avantage : ce fut de me fournir une réponse, je crois, topique, quand, peu de jours après, M. d'Arnim vint se plaindre de quelques articles de journaux français, dont il voulait me rendre responsable, et qui avaient parlé sans égard du chancelier.

Et ce qu'il y eut de plus singulier, c'est que cette ébullition inattendue d'hostilité et d'acrimonie ne se calma nullement, quand les actes comme l'attitude du nouveau gouvernement eurent convaincu les plus incrédules qu'il ne s'écarterait en rien de la politique pacifique et sensée de M. Thiers. Vainement toutes les dispositions du traité du 15 mars étaient-elles scrupuleusement observées, vainement l'évacuation du territoire s'opérait-elle au sein du calme le plus profond des populations, et dans les difficultés assez graves que rencontra parfois l'exécution, M. de Gontaut porta-t-il, conformément à ses instructions, l'esprit de conciliation à ses dernières limites. Vainement, en un mot, avec la meilleure volonté ou plutôt la plus mauvaise volonté du monde, ne pouvait-on réussir à trouver un reproche sérieux à nous faire. Le fiel persistait à déborder. C'était à croire que la chute du dernier président avait causé à M. de Bismarck une peine et presque une blessure personnelle dont il ne pouvait prendre son parti. Mais ce fut surtout un redoublement d'humeur poussé jusqu'à l'exaspération le jour où le rétablissement de la royauté en France apparut comme la conséquence naturelle du vote du 24 mai.

C'était un résultat auquel il avait fallu s'attendre. A la vérité, comme je l'ai dit, c'était sur le terrain de la neutralité et du pacte de Bordeaux que la nouvelle combinaison présidentielle s'était ostensiblement placée, et le maréchal de Mac-Mahon, plus soucieux que M. Thiers de s'y maintenir, avait choisi à dessein ses ministres dans toutes les nuances de la majorité conservatrice, sans oublier celle qui avait un instant, à la suite de M. Thiers, incliné vers la république. L'opinion royaliste prédominait cependant, d'une façon très sensible, et dans le cabinet et dans le parti qui l'avait porté et le soutenait au pouvoir. Nul doute, dès lors, que les royalistes, trouvant une occasion favorable qu'ils étaient lassés d'attendre, ne fussent pressés de la mettre à profit pour réaliser enfin le vœu qui leur était cher. Leur droit constitutionnel à rétablir la monarchie était incontestable, et la visite rendue, le 5 août suivant, par M. le comte de Paris à Frohsdorf, en scellant avec éclat la réconciliation de la Maison de France, semblait légitimer toutes les espérances.

Pour se faire une idée de l'impatience, c'est trop peu dire, de l'irritation nerveuse que dut causer à M. de Bismarck la perspective d'une restauration monarchique en France, on n'a besoin de recourir à aucune conjecture. C'est le chancelier d'Allemagne lui-même qui a jugé bon, dans une pièce publiée par ses soins, de nous faire connaître le désir qu'il avait toujours eu de nous voir garder la république, cette forme de gouvernement étant, à ses yeux, la plus propre à nous maintenir dans la faiblesse et l'isolement. C'était là, il en est convenu sans déguisement, le motif principal qui, l'ayant rendu favorable au gouvernement de M. Thiers, devait le rendre aussi tout particulièrement sensible à sa chute. Ce vœu charitable a été imprimé en propres termes dans le document dont je parle, qui a fait quelque bruit en son temps et dont M. Thiers lui-même (je ne sais quelle fut son impression) a vécu assez pour prendre connaissance.

Quelques traits, qu'il n'est pas sans intérêt de reproduire, suffiront pour éclairer d'une lumière rétrospective la situation délicate où nous nous trouvions, M. de Gontaut et moi, pendant que nos amis travaillaient à une œuvre aussi chère à notre patriotisme qu'au leur, mais qui nous laissait, l'un et l'autre, en butte à la malveillance acharnée du plus grand et du plus redoutable ennemi de la France. Car on ne faisait aucun doute (et on n'avait pas tort) que le représentant de la France à Berlin et le vice-président du conseil à Paris s'associassent du fond de l'âme au dessein généreux poursuivi autour d'eux, bien que leur situation officielle ne leur permît pas d'y prendre une part active.

C'est encore parmi les pièces du procès

intenté quelques années plus tard par M. de Bismarck à son agent auprès de M. Thiers, M. d'Arnim, que figure, insérée avec une sorte de cynisme, la dépêche officielle où est consignée l'étrange révélation de ses sentiments à notre égard. Il paraîtrait que M. d'Arnim, témoin, peut-être même confident des visées républicaines de M. Thiers, avait refusé d'y entrer, et il s'était permis même d'exprimer quelques craintes au point de vue des intérêts conservateurs et monarchiques sur l'effet de contagion que. pourrait exercer en Europe le triomphe de la république en France. Ce fut l'occasion de la plus verte réprimande que jamais diplomate ait reçue de son chef. « Nous n'avons assurément pas pour devoir, disait avec hauteur une instruction ministérielle du 20 décembre 1872, de rendre la France puissante en consolidant sa situation intérieure et en y établissant une monarchie en règle, de rendre ce pays capable de conclure des alliances avec les puissances qui ont jusqu'à présent avec nous des relations d'amitié. L'inimitié de la France nous oblige de désirer qu'elle reste faible, et nous agissons déjà d'une manière très désintéressée, en ne nous opposant pas avec résolution et par la force à l'établissement d'institutions monarchiques solides, tant que le traité de paix de Francfort n'aura pas été complètement exécuté. Je suis persuadé qu'aucun Français ne songerait jamais à nous aider à reconquérir les bienfaits d'une monarchie, si Dieu faisait peser sur nous les misères d'une anarchie républicaine. C'est une qualité éminemment allemande que de montrer une pareille bienveillance pour le sort d'un voisin hostile. Mais le gouvernement de Sa Majesté a d'autant moins de raison de suivre ce penchant peu pratique que tout observateur attentif a dû remarquer combien les conversions politiques ont été et sont encore nombreuses en Allemagne depuis l'expérimentation *in corpore vili* faite par la Commune sous les yeux de l'Europe... La France est pour nous un salutaire épouvantail. Tant que les monarchies marcheront d'accord, la république ne pourra rien leur faire. Telle est ma conviction, et elle m'empêche de conseiller à Sa Majesté de soutenir en France les droits monarchiques [1]. »

1. *Le procès d'Arnim,* p. 79 et suiv.

Cette manière de voir, que je soupçonnais bien (sans aller pourtant jusqu'à croire que j'en verrais un jour l'aveu aussi dénué d'artifice), fut dès lors parfaitement caractérisée par un diplomate russe dont j'ai déjà eu occasion de rappeler la verve humoristique. « Croyez bien, me disait ce caustique observateur, que ce que M. de Bismarck vous souhaite, c'est une *république dissolvante.* »

Je doute cependant qu'il fût venu à bout, je ne crois pas même qu'il ait essayé de faire partager la vivacité de ce sentiment soit à son souverain, soit aux esprits politiques d'Europe qui conservaient contre la forme républicaine une prévention trop bien justifiée par ses aventures passées. C'était une voie dans laquelle, quelque impérieux que fût son ascendant, il eût été difficilement suivi. Aussi ni dans les entretiens toujours rares de M. de Gontaut avec le chancelier ou les ministres prussiens, ni dans les plaintes journalières que M. d'Arnim m'apportait, — soit sur les polémiques des journaux dont il croyait avoir à se plaindre, soit sur la froideur et la gêne de ses relations avec la société de Paris, — jamais le dessein qu'on nous prêtait de rétablir la monarchie ne fut allégué au nombre des torts dont on pouvait nous faire grief. Une seule fois, je crois, à propos de je ne sais quel incident, M. d'Arnim me demanda par occasion pourquoi nous étions si pressés de relever le trône, et me vanta les avantages qu'aurait pour la France, dans la situation que lui avaient faite les événements, le maintien de la république. Il plaidait cette cause d'assez mauvaise grâce, du bout des lèvres, comme un homme qui remplit une instruction qui lui déplaît, et je n'ai pas été surpris d'apprendre depuis lors ce qu'à ce moment j'ignorais ; c'est qu'il parlait contre sa conviction personnelle, étant sur ce point-là même en dissidence avec son chef. Je me bornai à lui répondre en riant, et sans paraître attacher à l'entretien plus d'importance que lui :

— Mais si la république vous paraît si bonne, pourquoi ne la prenez-vous pas chez vous ?

Il sourit lui-même et n'y revint pas.

M. de Bismarck sentait donc bien qu'il ne pourrait pas réussir à faire prendre la république en gré à l'Europe monarchique, même en raison du mal qu'elle pourrait nous faire. Mais M. de Gontaut m'avait bien averti que sa malveillance serait avisée autant qu'active, et il n'eut pas de peine à trouver un terrain plus favorable où les semences de méfiance et d'hostilité qu'il sut jeter contre nous poussèrent plus rapidement. Nous n'étions pas (eut-il l'idée de dire) seulement des royalistes (ce que tous les rois nous eussent pardonné), nous étions des ultramontains et des cléricaux. Ultramontaine et cléricale aussi serait la royauté que nous voulions fonder, menaçante ainsi pour tous les voisins qui ne seraient pas animés du même esprit, et par là pour le maintien de la paix générale. Il est juste en tout genre que tout honneur soit rapporté à tout inventeur. Le cri d'alarme : le cléricalisme, voilà l'ennemi, que M. Gambetta devait pousser à la tribune française quelques mois plus tard, n'eut rien d'original. C'était celui-là même que M. de Bismarck fit entendre de l'autre côté du Rhin et dont il comptait bien que le retentissement se prolongerait au delà des Alpes.

Ce fut, de la part de M. de Bismarck, une diversion d'autant plus habile qu'elle parut s'expliquer naturellement par la lutte qu'il venait d'engager lui-même, à ce moment, avec l'Église catholique, en Allemagne. C'était alors le début et la première ferveur de ce qu'on a nommé le *Kulturkampf*, cette guerre à outrance contre le catholicisme dont on n'a jamais bien compris quel fut le motif, dont l'issue a si ridiculement trompé celui qui avait eu la brutale fantaisie de l'entreprendre, mais qui a porté, pendant dix années, le trouble dans les profondeurs de la société allemande. Une série de lois à la fois spoliatrices et persécutrices portées contre le clergé tant séculier que régulier était proposée à la Diète, et à peine adoptées, la rigueur en était aggravée par des confiscations et des proscriptions arbitraires. C'était un spectacle qui trouvait peu d'admirateurs en France ; mais la presse conservatrice et monarchique surtout, en faisant le tableau de ces violences, ne pouvait contenir l'expression ni de son indignation contre les exécuteurs, ni de sa sympathie pour les victimes. M. de Bismarck pouvait donc trouver, dans ces dispositions très ouvertement manifestes, un motif de prétendre que si la royauté rétablie en France était animée du même sentiment que ses partisans, le seul fait de son avènement serait, pour la minorité catholique qu'il piétinait à plaisir, un appui moral et un sujet d'espérance dont il devait se préoccuper. Ce danger était-il réel, et cette crainte, dont il fit grand bruit, tout à fait sincère? Je persiste à en douter. Ni pendant ni après la guerre, les catholiques allemands n'ont témoigné aucune sympathie pour la France, et un scrupule patriotique que je suis loin de blâmer les a toujours empêchés de paraître attendre, encore moins réclamer, aucune aide de l'étranger. L'appréhension, pourtant, pouvait se justifier par des motifs au moins spécieux et de nature à faire impression sur le vieil empereur, car, bien que portant moins d'ardeur que son ministre à la campagne anticatholique, Guillaume Ier l'avait pourtant laissé entamer, et une fois le combat engagé, il la soutenait par point d'honneur, ne voulant pas que· l'événement tournât au désavantage de l'Église nationale, dont il était le chef et le représentant.

Ce fut une considération d'une autre nature et bien plus pressante qui agit sur l'esprit d'un autre souverain, dont la terreur cléricale évoquée si à propos par M. de Bismarck était faite pour troubler le sommeil. On a nommé le roi d'Italie. Installé presque malgré lui au Quirinal, en face de la majesté pontificale captive au Vatican, Victor-Emmanuel s'y est, on le sait, toujours trouvé mal à l'aise, et la crainte qu'un retour de fortune vînt l'en faire sortir n'a jamais cessé de traverser son esprit et celui de ses serviteurs. C'était du côté de la France surtout que se portaient leurs regards inquiets. La France, en effet, avait certainement quelque sujet de se plaindre du procédé incorrect (pour ne pas dire plus) qui avait consisté, de la part de nos alliés de Solférino et de Magenta, au lieu de nous venir en aide dans nos malheurs, à en profiter pour entrer dans Rome, contrairement à tous les engagements pris, dès que nos troupes en étaient sorties. Ne tenterait-elle pas, un jour ou l'autre, de demander compte d'un traitement si peu amical, et de revenir sur un fait que le malheur des temps seul l'avait forcée de laisser accomplir? Ce jour ne serait-il pas celui où la royauté se verrait rétablie par les efforts d'un parti qui comptait dans ses rangs les plus chauds et les plus fidèles défenseurs du pouvoir temporel de la papauté?

Rien n'était moins fondé qu'une telle supposition, et il y avait pour la combattre, la meilleure comme la plus triste des raisons : c'est que, fût-elle en monarchie ou en république, la France épuisée et mutilée était pour longtemps hors d'état de tenter une manœuvre hostile contre qui que ce soit. Elle avait bien assez à faire à défendre sa propre sécurité : il ne pouvait entrer dans la pensée d'aucun homme sensé de lui faire menacer celle de personne. La preuve, c'est que quand de zélés catholiques avaient demandé à l'Assemblée nationale d'envoyer à Pie IX prisonnier un témoignage de sympathie, pas une voix ne s'était élevée pour prier M. Thiers d'y joindre une promesse ou un espoir quelconque de concours effectif. Mais n'importe, quand la conscience n'est pas tranquille on s'effraye de tout, même des fantômes. La crainte que le rétablissement de la monarchie française ne fût le signal d'une agression contre l'unité italienne s'empara rapidement, dans la péninsule, des imaginations épeurées. Ne dit-on pas que, même aujourd'hui, elles ne sont pas encore complètement rassurées? Il est certain qu'il n'y a pas longtemps je recevais, du rédacteur d'une grave revue italienne, une lettre où il m'exprimait, sans rire, le soupçon que la bienveillance témoignée par Léon XIII à la forme républicaine (pourtant si peu cléricale) dont nous jouissons devait être l'indice d'un concert secret établi avec MM. Ferry, Spuller, au besoin même Brisson et Goblet, pour le rétablissement éventuel du pouvoir temporel.

Quoi qu'il en soit, du moment où l'Italie prenait sérieusement l'alarme et se croyait mise en péril par la France redevenue monarchique, le but était atteint: la royauté en perspective apparaissait dès lors comme un point noir à l'horizon : c'était le trouble-fête qui allait empêcher l'Europe de goûter en paix le repos dont elle commençait à peine à jouir: et les commentaires allant leur train, peu s'en fallut qu'on ne nous vît préparer une grande réaction en faveur de l'autorité catholique et du dogme de la légitimité poursuivie à la fois pour rétablir don Carlos à Madrid, l'héritier proscrit de la maison de Bourbon à Naples et tous les princes dépossédés, aussi bien en Allemagne qu'en Italie. Ce fut pour dénoncer et prévenir en même temps ce danger que Victor-Emmanuel vint avec un certain appareil faire visite, dès les premiers jours de septembre, à Berlin, puis à Vienne, afin de montrer aux populations tous les grands pouvoirs unis et la main dans la main, prêts à les défendre contre l'agitation cléricale. Mais l'union des souverains ne fut rien à côté de celle qui s'établit aussitôt entre les trois presses allemande, italienne et française. Ce fut un concert à grand carillon, dans lequel nos journalistes républicains prirent la note dominante et donnèrent le ton. Une fausse honte les empêchait bien encore de se mettre trop ouvertement en accord avec les organes bien connus de la chancellerie prussienne. Mais, avec ceux qui émanaient du Quirinal, ce fut une entente en règle, un échange quotidien de communications vraies ou fausses, une tactique commune systématiquement combinée, une cordialité, en un mot, qui allait jusqu'à l'effusion et à la tendresse. Il était entendu qu'entre l'Italie et la France l'amitié, l'intimité même étaient naturelles, et n'étaient changées en méfiance que par la présence menaçante des monarchistes papalins au pouvoir. Sans les desseins qu'on nous supposait, les deux sœurs latines, faites pour s'entendre et s'aimer, se seraient jetées dans les bras l'une de l'autre, et l'Italie n'attendait que de nous voir disparaître pour témoigner le souvenir reconnaissant qu'elle gardait du service rendu à son unité par les armes françaises. On sait comment l'événement a justifié des prévisions qui, soit naïveté, soit calcul, ne paraissaient faire doute alors dans l'esprit d'aucun républicain.

Comment ce bruit du péril clérical, répété par tant d'échos, n'aurait-il pas inquiété sérieusement même de bons esprits, quand on voyait jusqu'à M. Thiers, l'un des auteurs principaux de la fameuse loi d'enseignement de 1850, et le défenseur autrefois attitré du pouvoir temporel du Saint-Siège, faire mine de s'associer à une émotion générale, et promettre, dans une lettre publique, qu'il allait reprendre son siège à l'Assemblée pour défendre la *liberté religieuse menacée ;* et quand des femmes très intelligentes, qui vivaient dans son intimité, allaient jusqu'à descendre sur la place publique dans les villages du Midi, afin de persuader aux paysans que la royauté restaurée n'aurait rien de plus pressé que de rétablir la dîme avec l'obligation de se confesser tous les mois. Enfin, pour être franc autant que juste, il faut bien convenir que notre presse à nous, monarchique et surtout religieuse, n'était pas sans nous causer, parfois, des embarras. Elle avait une manière de relever les provocations italiennes qui pouvait paraître de nature à les justifier : elle donnait à de très louables manifestations religieuses un éclat qui leur faisait prendre une apparence de caractère politique. Elle ne prenait pas assez de précaution pour que des appels faits à la protection divine ne pussent être dénaturés par la mauvaise foi, et paraître attendre, pour la défense de la religion, autre chose que des armes spirituelles.

Sans se laisser émouvoir outre mesure par une situation dont le trouble se faisait sentir surtout autour de lui, M. de Gontaut m'en rendait compte avec sa clairvoyance et sa franchise accoutumées. « Il est un point, m'écrivait-il dès le 12 août, qui m'a toujours inquiété, et je crois en avoir causé avec vous à Paris : c'est la question religieuse en Allemagne. M. de Bismarck, emporté par sa passion, en a fait une des bases de sa politique. La résistance qu'il rencontre et qui s'accentue de plus en plus, l'irrite, et, loin de l'abattre, elle agit sur sa volonté comme un stimulant; son esprit est fertile en ressources : il est peu scrupuleux, d'une hardiesse rare, et il n'est occupé, j'en ai la conviction, qu'à chercher de nouveaux moyens de triompher. De plus, il craint la France, il redoute le réveil de l'esprit religieux chez elle, et la regarderait comme un encouragement possible à la résistance que les catholiques lui opposent. Enfin, il voit avec inquiétude, assurément, les horizons ouverts en faveur d'un retour probable de la monarchie en France, et, grâce aux bavardages de la presse, aux commentaires inopportuns et indiscrets — pour ne rien dire de plus — des journaux et de certains membres de l'extrême droite, comme aux cris d'alarme poussés par les journaux répuhlicains, même les plus modérés, il croit que M. le comte de Chambord, devenu roi, adoptera avant tout une politique de réaction religieuse, papale, etc. Le triomphe des carlistes en Espagne ne l'effraierait pas moins au même point de vue. Dans ces conjonctures, ne pense-t-il pas à nous susciter de graves embarras ? Comment y parviendrait-il ? Là est le mystère. Ce ne sera probablement pas en nous faisant la guerre, à présent, du moins... Je le répète : là est le point obscur et inquiétant. Comment l'éclaircir ? C'est encore là une grande difficulté. »

Un mois plus tard, les chances de rétablissement de la monarchie étant devenues plus probables et surtout plus rapprochées, il me signalait des indices de dangers possibles, d'une nature plus sérieuse et faits pour me préoccuper davantage. Il avait eu l'occasion de s'entretenir avec l'impératrice Augusta, qui ne cessa jamais de l'honorer d'une bienveillance particulière. Cette noble princesse, on le sait, était loin de partager toutes les vues, et surtout toutes les passions de M. de Bismarck, à l'égard soit de la France, dont elle n'avait jamais souhaité la ruine, soit de la religion catholique, pour laquelle on l'accusait, même en Allemagne, de nourrir un secret penchant. Il fut surpris de la trouver, ce jour-là, triste, plus réservée que de coutume, et visiblement ébranlée par le bruit qu'on faisait à ses oreilles.

« Tout en me tenant sur la réserve, écrivait-il, qui était dans les convenances de notre situation réciproque, j'ai cherché à la rassurer sur les tendances dont on s'inquiète si injustement en Allemagne. Malgré ses bonnes dispositions et malgré l'élévation naturelle de son esprit, je ne l'ai pas trouvée personnellement dégagée de ces préjugés qu'on exploite tant aujourd'hui contre nous. Je n'ai pas été étonné, du reste, parce que ces méfiances existent en quelque sorte dans l'air qu'on respire ici, et dont il semble impossible par là même aux esprits les plus distingués de ne pas être plus ou moins imprégnés. J'ajoute que ces inquiétudes, suscitées par la peur d'une nouvelle levée de boucliers en France, et surtout par le développement excessif des manifestations religieuses, ne se remarquent pas seulement en

Allemagne, mais se retrouvent chez presque tous les étrangers, à en juger par les conversations que j'ai eues pendant mon séjour aux eaux d'Allemagne. Ne nous dissimulons pas qu'il y a un symptôme de nature à nous faire réfléchir... L'impératrice m'a dit encore un mot d'où je pouvais conclure que ma situation dans l'avenir serait plus délicate et plus difficile qu'elle n'a été jusqu'à présent, *c'est-à-dire tant que nous avons été en compte avec l'Allemagne.* En me tenant ce langage, sous une forme très bienveillante du reste, a-t-elle fait allusion à quelque dessein précis de l'Allemagne, à des embarras qu'elle chercherait à nous susciter un peu plus tard? J'en doute fort, parce qu'elle est bien étrangère à la politique. Je crois donc qu'elle était impressionnée en me tenant ce propos par le coup d'œil général et triste que nous avions jeté ensemble un peu auparavant sur la situation générale et sur les périls sociaux de l'avenir. Toutefois, j'ai cru voir dans certaines de ses paroles une allusion aux dispositions ombrageuses de l'Europe en présence des manifestations religieuses de notre pays, et en particulier aux dispositions du prince de Bismarck. »

On pense bien que ces graves avis, émanant d'une telle source, ne me laissaient pas insensible. La situation élevée où les circonstances m'avaient porté m'imposait une grande part de responsabilité dans la destinée future de mon pays. J'aurais méconnu mes devoirs si, à la veille de la grande résolution que l'Assemblée nationale allait prendre, averti des chances qui pouvaient la suivre, je n'étais resté, jour et nuit, l'œil ouvert et l'âme émue. Je ne trouvais pourtant, dans ces réflexions qui ne me quittaient pas, rien qui dût détourner mes amis de courir jusqu'au bout la glorieuse fortune qu'ils étaient résolus à tenter. Au fond, et à y regarder de sang-froid, il n'y avait rien de fondé ni de sérieux dans les préventions qu'on s'était efforcé d'accumuler contre nous. Personne en France, pas plus dans nos rangs que dans aucun autre (sauf quelques cerveaux brûlés sans crédit) ne songeait ni à tenter au dehors une croisade religieuse ni à rétablir à l'intérieur rien qui ressemblât à la domination civile du clergé. Je m'étais expliqué à cet égard, sur un ton d'assurance un peu dédaigneux, dans une réunion publique en Normandie, et aucune voix ne s'était élevée des rangs les plus extrêmes de la droite pour contredire ou même pour atténuer la portée de mes paroles. Il devait suffire à M. le comte de Chambord, répondant à l'appel de l'Assemblée nationale, d'exprimer la même pensée, qui, à n'en pas douter, était la sienne, avec l'autorité de son rang, et dans cette langue si digne et si nettement française dont il savait user, pour dissiper tous les brouillards. Toutes les préoccupations des amis de l'ordre et de la paix se seraient alors retournées en sa faveur, trouvant dans la stabilité monarchique bien plus de garanties que la république élevée sur les ruines fumantes de la Commune ne pouvait leur en offrir. Nous n'avions donc en face de nous que la mauvaise volonté déguisée et les astucieuses menaces d'un seul homme. Reculer devant la marque supposée de son déplaisir, devant le froncement de sourcil de ce Jupiter olympien, c'était déclarer que la France, renonçant désormais à se régir elle-même, se résignait à ne vivre que sous le bon plaisir d'un maître et à l'ombre de son protectorat. En étions-nous là? Sedan avait-il fait oublier à ce point Bouvines, Marignan, Rocroy, Denain, Fontenoy et Austerlitz, que nous fussions réduits à cet aveu de déchéance et à ce comble d'humiliation? Je me refusais à le penser. Nous venions de payer notre indépendance assez cher; c'était bien le moins que nous l'eussions recouvrée. Quelques mois auparavant, quand M. de Bismarck avait fait entendre que, le cas échéant, il ne consentirait pas à reconnaître M. Gambetta comme président de la république, j'avais recommandé fortement à M. de Gontaut de ne pas lui laisser articuler jusqu'au bout cette prétention à un droit arrogant de contrôle et d'exclusion; mais ce n'était pas pour souffrir que cet étranger-là, ni aucun autre, se crût permis de frapper d'interdit l'institution et la dynastie qui représentaient au degré le plus éminent notre grandeur passée, et qui nous promettait la meilleure espérance de la recouvrer. Pour ma part, je ne me serais jamais consolé d'attacher au souvenir d'une telle faiblesse un nom porté avant moi par plus d'une génération qui avait servi, non sans honneur, la France et la royauté. Je ne me sentis jamais si royaliste que le jour où je vis clairement qu'un Allemand voulait m'empêcher de l'être. On pouvait ne l'avoir jamais été, on ne pouvait cesser de l'être ce jour-là. Aujourd'hui que les passions sont calmées, je suis sûr qu'il n'y a pas un Français qui ne me comprenne.

Entre M. de Gontaut et moi, il ne pouvait exister, sur un tel sujet, aucune dissidence. Aussi je ne lui écrivais pas pour lui dicter un langage qui partait naturellement de son cœur comme du mien, mais pour constater et confirmer, à chaque incident nouveau, notre accord. C'est dans cette pensée que fut conçue la lettre que je lui adressai encore le 25 octobre, quelques jours seulement avant une autre date à jamais regrettable qui devait voir détruire nos espérances communes.

« Je pense beaucoup à vous, lui disais-je, à votre situation à Berlin pendant que le débat s'agitera ici. Je ne puis douter que la malveillance n'y soit au comble contre toute combinaison monarchique. M. de Bismarck la poursuit évidemment avec cette haine instinctive qu'il porte à tout ce qui relève la France, et avec ce mélange d'impatience sincère et de terreur jouée qu'il témoigne contre tout ce qui peut venir en aide aux intérêts de l'Église catholique. Malheureusement, je crains bien que les républicains de France, *même les plus illustres et les plus récents*, ne consentent à accepter cet appui qui fait peu d'honneur à leur cause. Tout cela va vous faire, comme à nous, un quart d'heure difficile à passer, et toute votre vigilance n'est pas de trop pour apercevoir à temps et déjouer tous les mauvais tours qu'on ne va pas manquer de nous jouer pour accroître nos difficultés intérieures. Je vous répète ce que je vous ai déjà dit. Quand vous rencontrerez des gens sincères, réellement inquiets que nous mettions le feu à l'Europe pour le pouvoir temporel du Pape, rassurez-les par de bonnes raisons. Vous avez de quoi convaincre ceux qui peuvent être convaincus. Avec les autres, discutez peu, paraissez tranquille, sûr de votre fait, ne montrez pas trop d'agitation ni d'inquiétude. Après tout, notre

territoire, tellement quellement, est libéré ;
nos dettes sont payées, nous ne dépendons plus
d'un caprice. Je sais combien cette indépendance est précaire et mal assurée avec nos
arsenaux vides et notre frontière ouverte.
Mais toujours est-il qu'il faut trouver de nouveaux prétextes pour nous chercher de nouvelles querelles. Les prétextes, sans doute, ne
manquent jamais au plus fort. Il y a cependant, en Europe, assez d'intérêt pour une
nation malheureuse qui cherche à se relever,
assez de souvenirs qui s'attachent à la cause
monarchique pour que, s'il y a à Varzin un
révolutionnaire couronné, il ne lui soit pas
possible de nous provoquer, tant que nous n'en
fournirons pas l'occasion. Laissez tomber toutes
les taquineries que vous ne croirez pas
sérieuses, et faites à M. de Bismarck le chagrin
de ne pas paraître trop ému de ses colères.
Nous avons le droit, sinon la force, ayons le
calme qui convient à cette situation qui n'est
pas sans dignité. »

On me laissera bien ajouter que j'avais, à
côté ou plutôt au-dessus de moi, dans l'atti-

tude du maréchal de Mac-Mahon, le modèle de cette dignité calme, qui me semblait, à cette heure suprême, devoir convenir à tous les représentants de la France. Par un scrupule dont j'ai fait connaître la nature, le maréchal ayant promis la neutralité aux partis, ne se croyait pas permis d'en sortir et de s'associer personnellement au dessein qui était suivi autour de lui : mais il n'y portait pas moins, au fond de l'âme, un vif intérêt. Il ne se cachait pas d'en désirer le succès, bien que le résultat dût être de le faire descendre du premier rang où il était monté. Ce fait était, à ses yeux, tellement insignifiant qu'il semblait non seulement ne s'en pas soucier, mais pas même s'en apercevoir, indifférence qui n'existait peut-être pas au même degré chez son prédécesseur. Mais, informé des préventions qu'on cherchait à exciter contre les conseillers qu'il avait choisis, il était le premier à les engager à ne pas s'en émouvoir. A ceux qui auraient mis notre bonne foi en doute, il offrait volontiers en garantie sa réputation de loyauté personnelle. Avec le roi d'Italie, en particulier, il était convaincu qu'il finirait toujours par s'entendre. Je ne sais si ce fut à cette occasion ou dans d'autres pareilles qui devaient se représenter par la suite, qu'il me dit : « J'écrirai à Victor-Emmanuel, il me connaît ; nous avons fait la guerre ensemble : ce que je dirai il le croira. »

Si la réponse de M. de Gontaut ne m'était malheureusement arrivée trop tard pour me causer autre chose que des regrets, j'aurais eu la satisfaction de constater que la ligne de conduite convenue entre nous produirait son effet, même à Berlin. Il n'est rien de tel en ce monde que de ne pas se laisser intimider. Quand une résolution est bien prise, ceux même à qui elle déplaît prennent le parti de s'en accommoder et craindraient de montrer leur dépit en y faisant trop mauvais accueil. « Ce qui va se passer à Paris est bien intéressant, disait un des ministres prussiens à M. de Gontaut ; avec la France, on ne sait jamais à quoi s'attendre. Que de ressources vous avez ! Quelle vitalité ! »

Et M. de Gontaut m'envoyait en même temps des articles de journaux allemands qui, sans nous recevoir encore en grâce, baissaient sensiblement de ton. Ses collègues du corps diplomatique l'interrogeaient déjà sur la voie dans laquelle allait marcher la monarchie rétablie, de manière à lui laisser voir que chacun croyant le fait accompli commençait à se demander quel parti il en pourrait bien tirer. La même impression m'était communiquée de Londres par M. le duc Decazes, de Vienne par le marquis d'Harcourt et par le général Leflô de Saint-Pétersbourg, où, du reste, les rapports n'avaient jamais cessé d'être bienveillants [1]. En un mot, chacun s'arrangeait pour n'être pas le dernier à profiter du nouvel état de la France.

Je reste donc convaincu que si, à l'intérieur, le rétablissement de la monarchie eût certainement rencontré de grandes difficultés dans la division des partis, du dehors aucune entrave ne lui aurait été apportée. Tout se serait passé

1. Dans le cours de cet été de 1873, un de nos amis de l'Assemblée, diplomate très distingué, M. le comte de Chaudordy, voyageant en Suisse où le prince Gortchakoff passait la belle saison, lui avait, sur ma demande, rendu visite : il l'avait trouvé dans des dispositions aussi bienveillantes que M. de Gontaut l'année précédente, et ne paraissant pas ému par les préventions dont le gouvernement conservateur était l'objet.

aussi simplement qu'en 1814, avec cet avantage même pour le petit-neveu de Louis XVIII que, le territoire étant libre et la rançon de la France payée, il aurait repris dans les conseils de l'Europe la place tenue par ses aïeux sans rien devoir et sans avoir rien à demander à personne.

Dis aliter visum. La monarchie, on ne le sait que trop, n'eut point à subir cette épreuve dont elle serait sortie, j'en ai la confiance, comme à d'autres époques, à l'honneur de son principe et pour le bien de la France. Et ce qui empêcha le prince, naturellement appelé au trône, de s'entendre avec les représentants de la majorité parlementaire, ce ne fut nullement, comme j'en ai entendu parfois faire la supposition, la crainte soit d'exposer la France à de graves difficultés diplomatiques, soit d'être astreint lui-même, sur des questions religieuses, à des concessions auxquelles répugnait sa conscience. Aucune question de politique générale pas plus que d'organisation constitutionnelle ne fut ni soulevée ni contestée par lui dans ces pourparlers dont on crut un instant qu'un si désirable accord était sorti.

L'entente fut complète sur tous les points sauf un seul, la convenance ou plutôt la possibilité de retirer à l'armée française le drapeau sous lequel elle avait, depuis près d'un siècle, combattu, vaincu ou souffert et que le malheur ne lui rendait pas moins cher que la gloire. Que ç'ait été le seul, — absolument le seul sujet, — sur lequel on ne réussit pas à trouver un mode de conciliation, c'est ce dont on n'avait, déjà hier, nul sujet de douter, mais ce qu'un témoignage plus autorisé qu'aucun autre, celui d'un confident et d'un représentant de M. le comte de Chambord, vient d'élever au-dessus de toute contestation possible : et c'est là un fait d'une telle importance pour l'histoire (qui aurait toujours eu peine à y ajouter foi), que les amis de la vérité ne peuvent savoir trop de gré à M. le marquis de Dreux-Brézé de leur avoir rendu ce service, quelles que soient les inexactitudes, d'ailleurs, qu'on ait pu relever dans d'autres parties de son récit[1].

---

1. J'ai éprouvé d'autant plus de satisfaction à me trouver confirmé par M. de Brézé dans une conviction qui était depuis longtemps la mienne, que quelque doute subsistait, à ce qu'il

Je crois que je fus l'interprète d'une impression très générale en écrivant à M. de Gontaut aussitôt après la publication de la lettre fameuse arrivée de Frohsdorf le 29 octobre :

« La lettre de M. le comte de Chambord fait abandonner unanimement par tous les partis toute idée du rétablissement actuel de la monarchie. La consternation est dans le camp des honnêtes gens, car le succès devenait presque certain. Il faut remercier le ciel d'avoir dans cette crise un homme tel que le maréchal autour duquel on peut se grouper. »

Comme je pressais en même temps M. de

paraît, à cet égard même, dans l'esprit de personnes qui avaient dû être complètement au courant de ce qui s'était passé. Ainsi M. de Gontaut lui-même, dans les Notes qu'on a bien voulu me communiquer, croit pouvoir affirmer qu'au nombre des points débattus entre M. le comte de Chambord et ceux qui comptaient proposer son rétablissement à l'Assemblée était la *responsabilité ministérielle*, disposition restrictive de la prérogative royale, à laquelle M. le comte de Chambord n'aurait pas pu se résigner. On peut voir dans les Souvenirs de M. de Brézé la *responsabilité des ministres*, comme toutes les autres conditions du régime constitutionnel, figurer parmi les points accordés sans contestation par M. le comte de Chambord dans les conversations qui eurent lieu à Salzbourg, et dont M. Chesnelong rendit compte fidèlement à ses amis.

Gontaut de venir à Paris s'associer aux résolutions importantes que l'Assemblait avait à prendre pour parer à cette situation imprévue, il ne put ni se rendre très bien compte lui-même ni m'informer par écrit de l'impression causée à Berlin par ce changement de scène. Je dois donc faire appel au souvenir de nos conversations, pour affirmer qu'à la première heure la surprise mêlée d'inquiétude domina tout autre sentiment. L'effet paraissait tellement disproportionné à la cause, que l'on comprit difficilement le scrupule qui avait arrêté M. le comte de Chambord. Les chefs militaires surtout, sachant combien les symboles et les emblèmes extérieurs exercent d'empire sur l'imagination d'une armée, et quels ménagements sont nécessaires pour ne pas troubler son état moral, ne purent cacher leur étonnement. Pourquoi, avait dit plusieurs fois M. de Moltke à M. de Gontaut quand on agitait cette question devant lui, le roi de France serait-il plus difficile que notre empereur qui, en gardant son drapeau pour son palais, a laissé à ses troupes le tricolore allemand? C'était exactement le langage qu'avait tenu un jour à dîner, chez M. Thiers, le général Manteuffel à un de mes amis.

« Ah ! cette brave armée française, avait-il dit, que j'ai tant appris à estimer, il ne faut pas lui enlever son drapeau, il suffit que le roi mette son panache à son casque. »

D'autres spectateurs, également émus, se demandaient si la déception infligée aux conservateurs ne ramènerait pas au pouvoir la minorité républicaine de l'Assemblée sous un souffle de réaction tel que, M. Thiers lui-même fût-il remis à sa tête, elle se trouverait dans la dépendance du parti révolutionnaire, et ils faisaient remarquer non sans impatience qu'avec la France on ne faisait jamais que passer d'un extrême et d'un danger à l'autre. Aussi quand la nouvelle arriva que l'Assemblée assurait au maréchal de Mac-Mahon la prolongation du pouvoir présidentiel pour une durée de sept années, le contentement fut général. Ce n'était ni la monarchie dont on s'était défié, ni M. Gambetta ou tel autre semblable qu'on redoutait. La solution — la meilleure assurément que le moment comportât — fût-elle insuffisante et précaire et, en tranquillisant le présent, ne parût-elle présenter aucune assurance pour l'avenir, elle n'en répondait que mieux au degré comme à la nature de l'intérêt qu'on nous portait. Il semble que ce sentiment perça dans les termes par lesquels le sous-secrétaire d'État prussien assurait notre chargé d'affaires, le marquis de Sayve, « que son gouvernement voyait avec satisfaction dans les pouvoirs conférés à M. le Président de la république, une nouvelle garantie pour la prospérité de la France, qu'il désirait sincèrement, ainsi que pour le maintien de la bonne harmonie et des relations pacifiques de la république avec les pays étrangers. » Le mot de république n'avait pas été deux fois répété sans une nuance de satisfaction.

Dans le remaniement ministériel qui suivit la constitution des pouvoirs du maréchal, restant placé moi-même, pour quelques mois encore, à la tête du cabinet, je dus, pour divers motifs, céder à mon vieil ami, M. le duc Decazes, le portefeuille des affaires étrangères. Je n'abandonnai pas, sans quelque regret, je dois en convenir, des attributions qui m'avaient replacé dans le milieu d'affaires où j'avais passé ma jeunesse, et au centre de ces grands intérêts dont l'étude m'avait toujours captivé et fait encore aujourd'hui, dans la retraite, ma préoccupation favorite. Mais je fus le premier à reconnaître que j'étais très utilement remplacé et qu'aucune substitution ne pouvait être plus heureuse. J'avais été trop mêlé à des luttes ardentes, j'avais soulevé, de divers côtés, trop d'inimitiés ou de préventions, pour que ma présence au pouvoir, dans une Assemblée dont je connaissais les divisions, pût être de bien longue durée, et je ne me faisais aucune illusion à cet égard. La politique étrangère, surtout au lendemain de crises comme celles que nous venions de traverser, a besoin, avant tout, de continuité et de suite. M. le duc Decazes, moins mêlé que moi à nos dissentiments, a eu la facilité, en même temps que le mérite de pouvoir, sans renier aucune de ses convictions, représenter dignement la France devant l'étranger, pendant près de quatre années, malgré les oscillations et les défaillances de notre politique intérieure. Il a tracé ainsi une ligne que ses successeurs n'auraient eu qu'à suivre. C'est un service dont on ne saurait être trop reconnaissant envers sa mémoire. Je savais, de plus, pour l'avoir vu à l'œuvre, pendant les années que nous avions passées ensemble dans les travaux de la carrière diplomatique, combien, par la fine souplesse de son intelligence, le charme et la grâce de ses manières, son adresse à manier les hommes, il était bien préparé aux devoirs qu'il avait à remplir. Quand M. de Gontaut m'exprima affectueusement le regret de voir finir notre courte collaboration, je pus lui assurer (et il a bien vu que je ne le trompais pas), qu'il était loin de perdre au change.

CHAPITRE III

LES MANDEMENTS ÉPISCOPAUX ET LA CRISE DE 1875

I

Ni l'ambassadeur ni son nouveau ministre ne devaient jouir longtemps de l'espèce d'accalmie qui suivit l'échec de la monarchie et la satisfaction mal déguisée qu'en avait éprouvée M. de Bismarck. Car si nous ne pouvions plus être actuellement et activement monarchistes, nous étions toujours, M. Decazes tout aussi bien que M. de Gontaut et moi, réputés cléricaux, et c'était assez pour que nous n'eussions droit à aucune confiance ni même à aucun égard de la part de l'inventeur du *Kulturkampf*. Son irritation contre tout ce qui tenait à l'Église catholique allait même être portée à son comble par une manifestation éclatante de zèle religieux qui suivit, à quelques jours près, la constitution du nouveau ministère.

L'occasion fut un cri de douleur et d'indignation poussé par Pie IX du fond de sa captivité, contre le traitement odieux et chaque jour plus rigoureux dont l'Église avait à gémir en Allemagne. Cette plainte éloquente était arrachée au généreux Pontife par un attentat qui mettait en lumière la scandaleuse réalité de la situation. Un prince de l'Église, le cardinal Ledochowski, archevêque de Posen, condamné d'abord à deux ans de détention et au paiement d'une énorme amende, venait de plus de se voir retirer ses pouvoirs spirituels par un tribunal séculier qui s'était permis de prononcer sa déposition : procédure aussi choquante que ridicule qui, en soumettant ainsi toute la vie intérieure de l'Église au pouvoir disciplinaire de l'État, n'était que la stricte application de la législation nouvelle. Une encyclique dénonça au monde chrétien et civilisé cette atteinte aux droits sacrés de la conscience dans des termes dont la juste sévérité ne fut contestée par aucun des organes sincères de l'opinion libérale. Il était assez naturel que les évêques, à qui le document pontifical était adressé, se sentant d'ailleurs menacés eux-mêmes dans l'indépendance de leur ministère, fissent écho à la voix du chef de l'Église, et c'est un devoir que ne manquèrent pas de remplir avec éclat ceux qui, comme les prélats d'Angleterre ou de Belgique, jouissaient de la pleine liberté de leur parole. Plusieurs des évêques français, animés des mêmes sentiments et ayant encore moins de motifs pour ménager le despotisme allemand, ne résistèrent pas à la tentation de suivre leur exemple, et on ne put, en réalité, leur reprocher qu'une chose : c'était de ne pas avoir pris le temps de réfléchir que leur condition n'était malheureusement pas pareille. Si de plus, dans les lettres pastorales qu'ils livrèrent à la publicité, le sentiment patriotique ajouta quelque âpreté à l'expression de la foi, si leur langage parut parfois empreint de l'amertume dont tout cœur français et chrétien débordait encore, il n'y avait pas en conscience lieu de leur en faire un grand crime. Mais ceux qui portaient le poids du jour avaient le droit de leur rappeler la réserve commandée par une situation encore très mal affermie dont ils pouvaient seuls mesurer tous les périls. L'Église ne commandait assurément à personne d'oublier les devoirs envers la patrie, et le premier de tous était de ne pas l'exposer par des paroles provocantes à des actes de représailles qui pouvaient rouvrir ses blessures encore saignantes et à peine cicatrisées.

On s'était montré en plus d'une occasion, soit à Berlin, soit à l'ambassade d'Allemagne à Paris, sensible à des propos bien moins durs de la presse française : il fallait donc s'attendre qu'un blâme tombé de si haut ne passerait pas sans protestation. Il était sûr que M. d'Arnim, en particulier, en serait vivement blessé, car cet ambassadeur était en ce moment (probablement en raison de sa disgrâce prochaine), d'une humeur plus irritable que jamais. Il se plaignait de tout, et rendait de tout aussi les ministres français responsables : un jour c'était de l'impolitesse d'une dame de la société qui n'avait pas voulu s'asseoir à côté de lui à table, chez le maréchal ; le lendemain, c'était d'appréciations sévères faites, dans le cours du procès du maréchal Bazaine, sur la conduite des généraux prussiens pendant la guerre.

Aussi quand il vint porter ses plaintes au ministère contre les mandements épiscopaux, M. Decazes l'attendait, et put lui répondre qu'il avait déjà songé aux mesures à prendre pour arrêter le cours d'une polémique dont on avait senti d'avance les inconvénients. Effectivement, une circulaire du ministre des cultes, M. de Fourtou, venait d'engager les évêques à ne pas renouveler des attaques *de nature à exciter la susceptibilité des gouvernements voisins.* Cette pièce, écrite d'un ton triste mais ferme, ne devait pas recevoir de publicité officielle. Nous n'avions nul intérêt à constater que ce qu'on laissait passer ailleurs, sans réclamation, on se croyait en mesure de ne pas le tolérer chez nous. Mais la presse en eut aisément connaissance, et M. de Gontaut dut en donner lecture au ministre des affaires étrangères prussien, M. de Bulow, qui se montra sensible à ce procédé. Comme d'ailleurs les prélats qui reçurent cet avertissement en apprécièrent la convenance, on put croire que le trouble causé par ce bruyant incident allait, cette fois, comme ç'avait été le cas de beaucoup de différends analogues, rapidement tomber dans l'oubli.

M. de Bismarck ne l'entendait pas ainsi : la sentence pontificale, dont le retentissement le mettait, en quelque sorte, au ban de la conscience publique, l'avait blessé au vif. Quel que fût son culte pour la force matérielle, il n'était pas assez dénué de sens politique pour méconnaître l'action de la plus haute des puissances morales, et c'est ce qu'on a pu voir, lorsque, plus tard, revenant sur ses pas et sortant des errements où il s'était fourvoyé, il a cherché, en quelque sorte à obtenir, par des hommages publics rendus à Léon XIII, l'absolution des censures portées par Pie IX. Mais, à ce moment, dans l'impatience de se sentir frappé par une autorité qu'il ne savait comment atteindre, c'est à côté de lui et sur nous que, suivant l'expression vulgaire, il chercha à passer son humeur. Faut-il croire (comme beaucoup de bons juges le pensèrent), que, trouvant cette fois un grief contre la France, qui pouvait paraître fondé, il ne voulait pas le lâcher si facilement, mais bien le garder soigneusement en réserve, par une discussion prolongée, afin de s'en servir, au besoin, si ses embarras intérieurs devenaient assez pressants pour le porter à chercher quelque diversion au dehors? Quoi qu'il en soit, quand M. de Bulow lui fit part de la communication qu'il avait reçue de M. de Gontaut, il se montra très mal satisfait que son ministre se fût contenté à si bon marché. Contrairement à l'habitude qu'il avait de ne communiquer que rarement de sa personne avec les ambassadeurs, il fit prier M. de Gontaut de le venir trouver. Il le reçut avec une froide politesse, et, prenant tout de suite un ton très décidé : « Le gouvernement allemand, lui dit-il, ne juge pas suffisante la satisfaction que vous avez cru lui donner par la circulaire de M. de Fourtou; il lui faut un pas de plus. Il ne suffit pas d'avertir les évêques; ils doivent être punis; c'est la seule manière de prouver que vous n'êtes pour rien dans les offenses que nous recevons d'eux, et que vous en répudiez la solidarité. Ne vous y trompez pas, ajoutait-il, c'est une question de sécurité pour nous. Vos évêques fomentent la révolte dans l'empire : c'est ce que nous ne pouvons supporter. C'est le cas, en particulier, de l'évêque de Nancy (fit-il remarquer avec insistance), dont la juridiction est encore mixte et s'étend aux districts récemment annexés. Si vous laissez continuer ces procédés, c'est vous qui aurez rendu la guerre inévitable, et nous la ferons avant que le parti clérical, se rendant maître du pouvoir, la déclare au nom de la religion catholique persécutée. Voilà pourquoi, dit-il avec une franchise dont il n'avait pas encore usé, vos projets de restauration monarchique ne m'ont jamais plu ; je me méfiais de l'influence que vos cléricaux prendraient sur le comte de Chambord. » M. de Gontaut lui ayant fait observer qu'il n'existait, à sa connaissance, aucun moyen de répression pénale contre des évèques qui n'avaient fait en France comme ailleurs qu'user de la liberté commune : « Non, dit-il, vous en avez deux : vous pouvez les citer devant le conseil d'État par la voie de l'appel comme d'abus ; vous pouvez les appeler aussi devant les tribunaux ordinaires pour offense à un souverain étranger, et, si vous ne vous servez pas vous-même de ce droit, votre loi le reconnaît aussi au représentant du souverain offensé, et nous en ferons directement usage. » Devant un parti qui paraissait d'autant plus arrêté que l'expression en était plus calme, la discussion n'était pas longtemps possible, et M. de Gontaut dut se retirer, emportant la déclaration positive que le minimum de réparation qui pût être jugé suffisant serait la citation devant le conseil d'État de l'évêque de Nîmes, dont le langage avait paru plus vif et plus blessant que celui d'aucun autre.

M. de Bismarck eut soin, d'ailleurs, que sa conversation ne restât pas longtemps secrète, car M. de Gontaut avait eu à peine le temps d'en rendre compte à Paris, qu'il devait signaler dans un journal, dont les attaches n'étaient un mystère pour personne, un article qui reprenait le même thème dans des termes exactement semblables à ceux qu'il venait d'entendre de la bouche du chancelier.

« Du moment où la France, disait l'*Allemagne du Nord*, s'identifie avec Rome, elle devient notre ennemie jurée. La paix du monde ne peut subsister avec une France soumise à la théocratie pontificale. » Le chancelier lui-même tenait très publiquement des propos dont le sens était encore moins équivoque: « Je ne suis pas l'ennemi de la France, disait-il assez haut pour être entendu d'auditeurs à qui il ne demandait pas d'en faire mystère ; je l'ai bien prouvé en faisant accepter par l'empereur la proposition de M. Thiers relative à l'évacuation anticipée ; mais, je le déclare, si la France soutient les catholiques en Allemagne, je n'attendrai pas qu'elle soit prête. Elle le sera dans deux ans : je saisirai auparavant l'occasion favorable. » Et, peu de jours après, à la tribune même du Reichstag, il prit occasion d'un sujet qui ne mettait pas naturellement la France en cause, pour parler d'une guerre possible avec nous, comme d'une supposition dont il avait prévu les moindres chances. « On m'a reproché, dit-il, d'avoir employé, en 1866, les déserteurs hongrois contre l'Autriche : c'est le droit de la guerre ; et, si nous nous trouvons un jour en guerre avec la France, dont le chef pourrait être alors Henri, comte de Chambord, nous n'aurions rien à dire s'il formait une légion pontificale avec les catholiques de l'Allemagne du Sud, poussés à la désertion par les évêques qui prêchent la désobéissance aux lois. » Ces rumeurs alarmantes devinrent bientôt assez générales pour qu'à un dîner de la cour l'impératrice, s'approchant sans affectation de M. de Gontaut, lui rappelât la conversation qu'elle avait eue avec lui peu de mois auparavant :

— Je vous avais bien averti, lui dit-elle, que vous n'étiez pas au bout de vos peines et que des difficultés vous attendaient, plus graves encore que celles que vous aviez éprouvées. Disais-je vrai ?

— Oui, madame, répondit M. de Gontaut, et plus d'une fois les paroles de Votre Majesté me sont revenues en mémoire.

— Est-ce qu'on n'est pas convenable avec vous ? ajouta-t-elle avec un intérêt inquiet, en tournant son regard vers le côté de la salle où se trouvait M. de Bismarck.

— Non, on est toujours poli, mais le fond est bien difficile et bien douloureux.

M. de Gontaut parlait très bas.

— Est-ce que vous croyez qu'on nous écoute ? dit vivement la princesse.

— Non, mais on pourrait nous entendre.

Et il lui expliqua en quelques mots le nouveau sujet de querelle.

J'étais encore le collègue de M. Decazes, qui voulait bien me communiquer le résumé des dépêches qu'il recevait. La conversation de M. de Bismarck avec notre ambassadeur fut naturellement entre nous le sujet d'une conférence dans laquelle nous nous fîmes part l'un à l'autre de plus d'embarras encore que d'inquiétude. Quoique M. de Gontaut eût assurément très bien fait d'alléguer une impuissance légale qui, comme on va le voir, était réelle, il n'avait pu complètement fermer la bouche aux prétentions de M. de Bismarck ; et celui-ci, en réclamant contre les évêques qu'il accusait la procédure administrative de l'appel comme d'abus, raisonnait comme un adepte expert de notre nouveau gallicanisme parlementaire. Je suis même frappé en relisant la dissertation qu'il envoya à M. d'Arnim pour appuyer sa demande combien son argumentation ressemble à celle que nous entendons journellement développer à la tribune française par les organes républicains [1]. C'est le même oubli ou plutôt

____

1. On peut lire cette dissertation dans le volume intitulé : *Antécédents du procès d'Arnim*, p. 117-153. M. d'Arnim fut accusé de n'avoir pas assez énergiquement soutenu la réclamation de son chef. C'est un tort dont il n'eut pas de peine à se justifier.

la même négation de l'indépendance spirituelle de l'Église, la même méconnaissance
de l'état nouveau des mœurs et des changements apportés aux anciennes législations par
l'introduction dans le droit public de la liberté
des cultes et de la presse. Les évêques reçoivent
une indemnité de l'État : quelle que soit l'origine de cette rétribution, par cela seul, ils
n'en sont pas moins des fonctionnaires comme
d'autres : donc, comme tels ils doivent obéir
au gouvernement qui devient ainsi responsable de tous leurs actes, et c'est à ce titre que
M. de Bismarck nous demandait d'en faire
justice par un acte administratif. Les docteurs
de M. de Bismarck ne lui avaient pas moins
bien fait la leçon sur la portée des articles
12 de la loi du 19 mai 1819 et 7 de la loi du
27 mars 1822 qui ouvraient aux souverains
étrangers et à leurs représentants une voie
judiciaire pour obtenir réparation des offenses
dont ils croiraient avoir à se plaindre. Dans
cette énumération si complète de toutes les
armes que nous pouvions avoir pour sévir
contre le clergé, il en est une cependant que
l'on est surpris aujourd'hui de n'y pas rencon-

trer, parce que la pratique en est devenue depuis lors aussi habituelle qu'elle est commode. On ne nous parla pas de retenir le traitement des prélats incriminés. Serait-ce qu'on n'avait pu, même en cherchant bien, trouver à ce régime de domesticité imposé à des dignitaires du rang épiscopal aucune espèce de fondement légal, ni même aucun exemple qu'on pût rappeler ? Cette omission, en tout cas, paraîtra sans doute à nos juristes républicains extrêmement regrettable : il y aurait eu là un précédent émané d'une autorité dont ils auraient pu se prévaloir avec autant d'honneur que de profit.

Le moindre examen suffit pour nous convaincre que des deux moyens entre lesquels M. de Bismarck avait donné le choix à M. de Gontaut pour lui offrir la satisfaction qu'il attendait, aucun n'était pour nous honorablement praticable. Nous n'étions nullement disposés à tirer du discrédit où elle était alors justement tombée, la procédure surannée de l'appel comme d'abus, dont la monarchie constitutionnelle n'avait fait que très rarement usage (le second Empire une seule fois) et qui était sortie de chaque épreuve criblée des plus mordantes épigrammes. A sa place peut-être dans une organisation sociale, où l'Église jouissant de certains pouvoirs même en matière temporelle pouvait être soupçonnée d'en abuser, et où l'État professant une religion pouvait jusqu'à un certain point prétendre à quelque compétence même en matière spirituelle, l'appel comme d'abus n'a plus de signification appréciable dans une société purement laïque, que son principe même affranchit de toute menace de la part de l'autorité religieuse. Une sentence qui n'a ni valeur morale ni conséquence matérielle n'est qu'une taquinerie puérile dont l'effet est d'assurer une publicité bruyante aux faits qu'elle semble vouloir atteindre. Je doute fort que les esprits sérieux et élevés qui composaient le conseil d'État se fussent prêtés, même sur notre demande, à rafraîchir les décors de cette comédie. Ils n'auraient pu manquer d'ailleurs de nous répondre que l'appréciation la plus sévère des actes d'un gouvernement étranger ne rentrait dans aucun des cas prévus par les articles organiques, n'étant ni *un excès de pouvoir*, ni *une contra-*

vention aux lois de l'État, et encore moins *un trouble porté dans les consciences*. Et quant à l'idée de recourir aux tribunaux ordinaires, en application des lois de la presse, ce n'était pas sérieusement qu'on nous proposait ce remède cent fois pire que le mal. Quel magistrat ou quel avocat français aurait consenti à faire asseoir des évêques, ses compatriotes, sur le banc où siègent les malfaiteurs pour calmer la susceptibilité du chancelier de l'empire allemand ? S'il s'en était trouvé un qui se résignât à jouer ce triste rôle, dès qu'il aurait ouvert la bouche, quelle huée dans l'assistance et quelle réplique il aurait reçue de son adversaire ! Quel est le jury qui eût fait droit à ses réquisitions ? L'offense prétendue serait sortie de l'arène judiciaire, aigrie, envenimée, grossie au centuple, par l'éclat du débat, le tapage de la presse et l'unanimité de l'acquittement. Le résultat était si certain, que c'était à croire que M. de Bismarck qui devait le prévoir n'était pas éloigné de le désirer.

Nous en étions donc réduits à exprimer à M. de Bismarck le regret de ne pouvoir nous conformer à aucun de ses désirs. Comment aurait-il accueilli cette réponse ? C'était difficile à préjuger. Admettant (ce que je suis porté à penser) qu'il eût d'avance un peu grossi sa voix pour nous intimider et qu'en fait il eût hésité à recourir, à l'occasion d'un grief qui ne consistait qu'en paroles, aux extrémités dont il nous avait menacés, le moins qu'on pût attendre de son amour-propre blessé, c'était quelqu'une des mesures qu'à plus d'une reprise déjà, il avait été sur le point de prendre : le rappel de l'ambassadeur et la rupture des relations diplomatiques. De là serait sortie une situation tendue et violente, particulièrement dangereuse pour deux nations voisines, ayant chaque jour des affaires délicates à démêler, et qui aurait tenue suspendue, comme une épée de Damoclès, l'imminence d'une hostilité plus déclarée. En attendant, c'était, en Prusse, un grand encouragement donné aux desseins impatients du parti militaire ; en Europe, l'alarme de tous les intérêts ; en France, un temps d'arrêt dans le progrès de la fortune publique renaissante et enfin, ce qui nous touchait peut-être encore davantage, un sentiment de réprobation très général contre les ministres de la religion qui, désertant un office de paix, auraient ainsi semé le trouble autour d'eux et peut-être déchaîné l'orage.

Cet effet, en soi très fâcheux, n'aurait été nulle part plus regretté qu'à Rome et par le Saint-Père lui-même, qui, nous le savions par un ambassadeur très aimé de lui, M. de Courcelle, s'associait de cœur à toutes nos difficultés. Ému pour la France d'un sentiment tout paternel, Pie IX ne désirait nullement que l'œuvre laborieuse de notre relèvement fût compromise par des manifestations destinées à rester stériles, en faveur d'une cause que nous n'étions malheureusement plus en état de servir[1].

1. Je saisis cette occasion pour rappeler que la conduite de Pie IX envers le gouvernement français fut, en fait de délicatesse et de désintéressement, au-dessus de tout éloge. Il ne donna jamais une meilleure preuve de ce sentiment, que quand il fallut rappeler de Civita-Vecchia le stationnaire l'*Orénoque*, qui y avait été placé pour lui servir de retraite au cas où sa sécurité eût été menacée à Rome. M. Thiers avait négligé, en prenant cette louable précaution, d'en prévenir le gouvernement de Victor-Emmanuel, qui, probablement dans l'embarras de sa prise de possession, n'aurait eu rien à lui refuser, et, cependant, la situation d'un bâtiment sous pavillon militaire stationnant dans un port sans l'autorisation de la puissance dont ce port dépend était tellement (une fois le royaume d'Italie reconnu) en contradiction avec les règles élémentaires du droit

Nous en étions là, et on conviendra que c'était déjà matière à sérieuses réflexions, d'autant plus qu'il ne s'agissait plus, cette fois, comme en face des obstacles qu'avaient rencontrés nos espérances monarchiques, d'un de ces intérêts capitaux de sécurité et de grandeur nationales qu'il faut défendre à tout risque. Un incident auquel nous ne devions pas nous attendre vint faire prendre à la crise un caractère tout à fait aigu. J'ai dit que la plupart des évêques avaient accueilli avec déférence l'avis du ministre des cultes, en reconnaissant la mesure de son langage et la gravité de ses appréciations; le saint archevêque de Paris, le cardinal Guibert, bien qu'étant un de ceux qui avaient pris précipitamment la parole, leur avait prêché d'exemple. Aussi le silence régnait

international, que le fait ne pouvait être prolongé indéfiniment. L'observation n'en fut pas faite tant que M. Thiers était au pouvoir, mais dès que les conservateurs l'eurent remplacé, les journaux de gauche ne manquèrent pas de la soulever, et poussèrent eux-mêmes le gouvernement italien (qui n'y aurait peut-être pas songé), à exiger le départ de l'*Orénoque*. La réclamation une fois présentée, il fallait bien y faire droit. Rien n'égale la résignation touchante avec laquelle Pie IX vit disparaître, sans adresser à la France le moindre reproche, cette dernière marque de son impuissante sympathie.

de ce côté depuis plus d'un mois, quand il fut tout d'un coup rompu par une lettre pastorale d'un évêque du midi de la France, conçue en des termes qui, par malheur, ressemblaient trop à ceux qui avaient déjà causé tant d'émoi. Le digne prélat, dans son séjour reculé, n'avait certainement pas calculé l'effet que sa démarche devait produire au delà du Rhin ; mais, contrairement à son intention, ce n'était pas moins, la situation donnée, qu'un défi jeté par le visage de M. de Bismarck, dont les suites (si nous étions accusés d'y avoir pris part) devenaient impossibles à calculer. Un ultimatum, cette fois tout à fait direct, pouvait nous arriver par le retour du courrier. Si on ne voulait être mis dans l'alternative de le repousser ou d'y obéir, on n'avait que quelques heures pour prendre les devants.

Je ne sais qui suggéra alors à M. Decazes un expédient que personne, je crois, ne put le blâmer, dans la passe étroite où il était resserré, d'avoir saisi avec empressement. Un seul journal conservateur, *l'Univers*, avait reproduit le nouveau mandement ; tous les autres, avertis déjà pour nous, s'étaient tenus d'eux-mêmes sur la réserve. Ce fut le journal et non l'évêque qu'on nous proposa d'atteindre, en vertu des pouvoirs exceptionnels que nous donnait encore l'état de siège proclamé à Paris pendant la guerre, maintenu par la Commune et dont M. Thiers, pendant ses deux années d'administration, n'avait pas songé à se dessaisir. Une suspension de deux mois dut être prononcée, dès le soir même, contre l'*Univers*, comme ayant publié un document qui *pouvait donner lieu à des difficultés diplomatiques.*

Je conviendrai volontiers que le détour n'avait rien d'héroïque ; je me consolai d'y adhérer en songeant qu'il n'y avait pas non plus beaucoup d'héroïsme chez ceux qui, avisés d'un sérieux péril, en bravaient, pour leur pays, toutes les conséquences, quand, pour eux-mêmes, ils ne couraient aucun risque personnel. En proportion du trouble qu'ils avaient pu causer, la pénitence était légère [1].

1. Je conçois parfaitement qu'aujourd'hui, l'urgence du péril passé, ceux qui en ont perdu la mémoire puissent nous accuser de timidité : mais j'avoue que je n'ai pu lire sans surprise et même sans quelque envie de sourire, dans la correspondance posthume publiée depuis lors du célèbre rédacteur de l'*Univers*, M. Louis Veuillot, que la mesure dont son

Restait à savoir ce qu'allait en penser M. de Bismarck. Il paraît bien qu'il eut quelque envie de ne pas se montrer satisfait, et, je crois aussi, quelque regret de se voir privé de la démonstration éclatante de sa puissance sur laquelle il avait compté, car son premier mouvement fut d'écrire à M. d'Arnim : « Il n'est pas nécessaire, selon mon opinion, de faire une

journal était frappé avait dû être prise, de concert avec le gouvernement prussien, par des catholiques, anciens écrivains du *Correspondant,* pour servir le ressentiment de leurs querelles d'autrefois avec l'*Univers.* Je ne crois pas que la préoccupation personnelle ait jamais suggéré à un homme d'esprit une supposition plus éloignée, je ne dis pas de la vérité, mais de la vraisemblance. Il aurait fallu une dose de mémoire et de sang-froid vraiment bien grande pour songer encore, après les orages que nous venions de traverser et en face de ceux qui menaçaient encore, aux anciennes discussions soutenues entre des catholiques sur des applications délicates et des conséquences extrêmes de leurs croyances communes ; et, en ce qui me touche, la personne de M. Veuillot est la chose du monde à laquelle je pensais le moins dans cet entretien avec M. Decazes. Celle de M. de Bismarck me préoccupait un peu davantage. Je ne puis me défendre, d'ailleurs, de croire qu'au fond de l'âme M. Veuillot ne nous en a jamais beaucoup voulu de l'avoir fait martyr à si bon marché. Du reste, les amis de M. Veuillot, et ils étaient nombreux à l'Assemblée, ne partagèrent pas sa susceptibilité, car ils avaient projeté de nous adresser une interpellation, mais devant l'exposition que nous leur fîmes des motifs que nous avions eus, comme de l'inconvénient qu'il y aurait à les faire connaître à la tribune, ils abandonnèrent leur dessein.

réclame à l'*Univers* en représentant sa suppression comme conforme à nos désirs [1].» Mais ce n'est pas la seule fois que s'est vérifiée cette parole de l'Écriture que les mauvaises intentions suggèrent souvent des calculs qui les trompent. Ce fut le bruit qu'il avait fait de griefs, au fond sans portée, qui l'empêcha d'insister pour une réparation plus complète. Ses déclarations comminatoires avaient propagé un état d'inquiétude et d'émotion factice dont la prolongation pesait à tous les amis de la paix en Europe. Quand on aperçut une ouverture pour en sortir, ce fut un soulagement général de pouvoir en être quitte pour la peur. M. Decazes ayant d'ailleurs, peu de jours après, saisi l'occasion d'une interpellation qui lui était adressée sur les relations de la France et de l'Italie pour déclarer à la tribune qu'il travaillerait sans relâche à assurer la paix en dissipant tous les malentendus et en *prévenant tous les conflits, et qu'il la défendrait aussi contre les regrettables excitations, d'où qu'elles pussent venir*, l'approbation qui accueillit partout ces

____

1. *Antécédents du procès d'Arnim*, p. 151.

sages paroles fit comprendre à M. de Bismarck qu'il ne serait ni compris ni suivi s'il se montrait plus difficile. De bonne ou de mauvaise grâce, content ou non, il déclara se contenter. Mais l'incident terminé laissa une impression qui ne lui fut pas favorable. C'est le propre des situations instables, comme celle où la société européenne était condamnée après tant de commotions successives, et doit probablement rester longtemps encore, que l'opinion publique s'y retourne aisément, jetant toujours des regards inquiets, tantôt sur un point, tantôt sur l'autre de l'horizon, suivant qu'elle craint d'en voir partir un signal d'alarme. C'est ce que M. de Bismarck n'avait pas suffisamment prévu. Aucun des desseins imaginaires qu'il avait prêtés à la France catholique et monarchique ne s'étaient réalisés, mais de plus sérieux périls avaient failli naître de l'hostilité acharnée qu'il poursuivait contre la religion pratiquée par plus de la moitié de l'Europe et par un tiers au moins de ses compatriotes. C'était à qui dorénavant allait se tenir en garde pour ne pas se trouver compromis dans les embarras qu'il se créait à lui-même. « Je ne le suivrai pas dans cette voie », dit l'empereur d'Autriche à notre ambassadeur. « Il a voulu nous entraîner, disait le prince Gortchakoff au général Leflô, dans sa malheureuse campagne religieuse, mais nous lui avons formellement déclaré que nous ne le suivrions pas et nous n'en resterons pas moins bons amis. » Ce fut aussi le sens d'une lettre personnelle de la reine Victoria à l'empereur, dont l'existence, sinon le contenu, fut connue, le secret n'ayant pas été gardé par son ambassade. « Que veut donc cet homme? disait à M. de Gontaut un de ses collègues du corps diplomatique qui, jusque-là en relation intime avec M. de Bismarck, s'était toujours montré peu favorable à la France. Il faudra quelque jour que toutes les puissances s'entendent pour mettre un terme à ses empiètements sur la liberté d'autrui. » Il fut utile d'avoir constaté ce sentiment avant d'avoir à y faire appel dans la crise beaucoup plus grave qui ne devait pas tarder à éclater. Il n'y eut donc pas lieu de regretter la mauvaise querelle qu'on nous avait cherchée.

II

Dans un de ces accès d'emportement vrai ou simulé auquel M. de Bismarck s'était livré pour motiver l'insistance hautaine de ses réclamations, une phrase assez significative, on l'a vu, lui était échappée. « Si la France ne se défait pas, avait-il dit, de la politique pontificale, je n'attendrai pas, pour lui faire la guerre, qu'elle soit prête, et je sais qu'elle le sera dans deux ans. »

On voit par là avec quelle attention curieuse et quelle précision de renseignements on se tenait au courant, à Berlin, des progrès du relèvement de notre armée. Car de tous les observateurs méfiants qui exerçaient sur nous cette surveillance, M. de Bismarck était loin d'être celui qui se montrait le plus préoccupé de l'usage que nous ferions de notre force, quand nous l'aurions recouvrée. C'était dans les cercles militaires surtout que la sollicitude était constante. Là, le refrain habituel des conversations courantes c'était que, comme nous devions être certainement résolus à chercher la revanche de nos défaites dès que nous nous croirions en mesure d'y prétendre, il y avait pour l'Allemagne autant de duperie que d'imprudence à attendre au lieu de devancer le moment de notre convenance. Envisagées à ce point de vue, toutes les nouvelles données par nos journaux sur nos efforts pour compléter nos défenses, perfectionner notre armement, initier nos jeunes officiers à toutes les innovations de la tactique moderne, devenaient l'objet de commentaires passionnés qui, sous forme d'avertissements ou de menaces, arrivaient aux oreilles de M. de Gontaut. « Ne pourrions-nous pas, écrivait-il, parler un peu moins d'expériences d'armes, de canons, de corps d'armée, en un mot de tous les éléments de notre réorganisation militaire ? En moins parler ce ne serait pas, se hâtait-il d'ajouter,

s'en moins préoccuper. » Le conseil était assurément plein de sagesse, mais outre qu'il était
difficile de le faire suivre à la presse, qu'on
ne fait pas taire à volonté, il était un lieu et
un moment où le silence n'aurait pas été possible : ce fut à la tribune de l'Assemblée,
quand on dut mettre en délibération, après la
loi du recrutement, une autre loi du même
caractère et qui n'était pas de moindre importance : celle qui réglait la constitution des
cadres de l'armée active : car, après avoir déterminé quels seraient le nombre et la nature
des soldats appelés sous les drapeaux, encore
fallait-il décider par qui et comment ils seraient
commandés.

On a vu quelle place la première de ces deux
lois capitales, celle du recrutement, avait tenue
dans la négociation suivie pour la libération
du territoire : un point, en particulier, avait
failli tout faire échouer, c'était le dessein de
l'Assemblée d'imposer à tous les Français le
service obligatoire et personnel. Si elle eût
persisté dans cette exigence dont toute l'autorité
de M. Thiers avait à peine suffi à la faire
départir, la délivrance attendue eût été, on l'a

vu, indéfiniment ajournée. Il y eut pareillement dans la loi nouvelle une disposition en apparence plus inoffensive, et qui passa même, au premier moment, inaperçue dans le débat, mais qui, échauffant toutes les têtes en Allemagne, aurait pu avoir une conséquence plus grave encore et mettre en question la sécurité et l'indépendance que nous venions à peine de recouvrer.

Ce fut l'augmentation du nombre des bataillons que dut contenir chaque régiment d'infanterie. Le gouvernement et la commission avaient fixé ce chiffre à trois, l'Assemblée le porta à quatre. J'assistais à la séance où fut adopté l'amendement improvisé qui rendit l'introduction de ce quatrième bataillon nécessaire, et je suivis même le débat avec une attention toute particulière, parce que la carrière de jeunes officiers avec qui j'étais en relation personnelle pouvait y être intéressée. Je puis donc dire pertinemment quel fut le motif de cette résolution prise un peu à la hâte, que le ministre dut subir après l'avoir combattue. L'accroissement du nombre des chefs de bataillon permettait de dégager l'encombrement que de trop nombreuses promotions faites pendant la guerre avaient amené dans les rangs des grades inférieurs, et donnait par là plus d'aisance et d'élasticité à l'avancement hiérarchique. Ce fut là notre pensée déterminante : toute autre, et principalement l'intention d'accroître par un détour la force numérique de l'effectif, fut étrangère à la majorité dont je fis partie. La preuve, c'est que quand le ministre, pour rétablir son équilibre financier dérangé, proposa à son tour de réduire le nombre des compagnies qui formeraient le bataillon, et de six, qui était le chiffre primitif, le fit tomber à quatre, ce mode de compensation ne rencontra aucune contradiction, bien que, tout calcul fait, le résultat des deux modifications combinées fût de réduire plutôt que d'accroître la force réelle de l'unité de combat.

Mais il n'importe ; bien ou mal comprise, commentée par des interprètes plus ou moins sincères, la mesure à peine connue n'en mit pas moins le feu aux poudres sur toute la ligne et dans tous les rangs de la presse allemande : un cri général s'éleva : l'Assemblée, dans un élan d'impatience patriotique, venait, d'un trait de plume, d'accroître, au moins d'un quart, la puissance numérique de l'armée française par excellence, l'infanterie. Ce surcroît n'était réclamé par aucune nécessité de la défense, puisque ni le maréchal ni ses ministres n'y avaient songé. Il fallait donc y voir la préparation évidente d'une attaque méditée et prochaine. Le quatrième bataillon, dont beaucoup d'entre nous, après l'avoir voté, avaient perdu le souvenir, devint le signal de combat attendu que tout bon Allemand, à moins d'être sourd, devait entendre.

Tel fut le thème développé avec ensemble et une sorte d'émulation par tous les organes de publicité connus par leurs relations officielles, la *Gazette nationale*, l'*Allemagne du Nord*, la *Gazette de Francfort*, la *Post* de Berlin. Dans ce dernier journal surtout, l'écrivain qui tenait la plume donna un libre essor à sa faculté imaginative. Un article à sensation parut portant en tête cette phrase menaçante : La guerre est-elle en perspective ? Et pour justifier ce cri d'alarme, ce n'était pas seulement notre loi militaire qui était mise en suspicion. Afin d'en aggraver le caractère, on se plaisait à la rattacher, avec une terreur affectée, à une autre mesure d'une plus grande importance que l'Assemblée venait de prendre au même moment, et qui ne semblait pourtant pas devoir présenter, même à la perspicacité la plus malveillante, la moindre apparence belliqueuse.

Par une coïncidence, en effet, à laquelle aucun de nous n'avait pris garde, la promulgation de la nouvelle loi des cadres avait suivi de quelques jours celle de la loi dite des pouvoirs publics qui, à la faible majorité de quelques voix, venait de donner à la forme républicaine une constitution régulière (25 février 1875, loi des pouvoirs publics, — loi des cadres, 28 mars). J'ai tâché d'expliquer en son lieu comment s'opéra, entre des monarchistes découragés et des républicains assagis, la transaction dont est sorti l'expédient républicain un peu bâtard sur lequel nous vivons encore aujourd'hui. On pourra longtemps encore commenter, expliquer, accuser ou justifier de diverses manières le rapprochement ainsi intervenu entre des hommes politiques séparés la veille et qui devaient l'être plus encore le lendemain. Mais ce que nul historien ne pourra assurément y découvrir, ce serait l'ombre d'une pensée et surtout d'une menace dont le voisin le plus ombrageux et l'ami de la paix le plus timoré pût prendre la moindre inquiétude. Ce fut le résultat improvisé d'une évolution tout intérieure à laquelle on peut hardiment affirmer qu'aucune considération et même aucun souvenir de politique étrangère ne fut mêlé.

Telle ne fut pas l'opinion ou du moins la supposition de l'écrivain allemand. A ses yeux, le seul mobile qui eût pu motiver la fusion de deux partis opposés, c'était le dessein de faire face ensemble à un ennemi commun. Des royalistes n'avaient pu devenir républicains et des républicains adopter des institutions qui avaient avec la monarchie plus d'un trait de ressemblance, que pour se mettre en mesure, par ces sacrifices mutuels, de satisfaire une soif, également vive chez tous, de vengeance et de réparation nationale. L'Assemblée, avant de se séparer, voulait avoir l'honneur de présider elle-même à la revanche, et reprendre tout le terrain qu'à sa naissance elle avait dû céder à l'Allemagne. C'était pour livrer ce suprême assaut que la république nouvellement constituée faisait asseoir sur les mêmes bancs ministériels, M. Buffet et M. Dufaure, M. Léon Say et M. Decazes.

Le journal ne manquait pas également de faire remarquer que les agents les plus actifs de l'opération qui venait de s'accomplir étaient des hommes politiques connus par leur fidélité au souvenir de la maison d'Orléans. Or on faisait généralement aux princes de cette famille, soldats d'âme et de profession, l'honneur de croire que personne plus qu'eux n'avait souffert de l'abaissement de la France et n'aspirait à la gloire de contribuer à la relever : ce qui leur valait, chacun le savait également, le déplaisir tout particulier de M. de Bismarck. Ainsi tous les indices d'un plan combiné étaient visibles : la loi constitutionnelle avait resserré les rangs des agresseurs et leur préparait des chefs, la loi militaire doublait la puissance de leurs moyens d'attaque. A l'Allemagne avertie de se mettre en garde.

Jusqu'à quel point était-on en droit de supposer que l'inspiration de ce roman si complaisamment bâti partait de l'entourage du chancelier? C'est ce qu'on ne saura jamais positivement, tout mauvais cas étant niable et l'issue du mouvement ainsi suscité n'ayant pas tourné, en définitive, à l'avantage de ceux qui le provoquèrent. Mais comme le fond de la même fable, sinon tous les détails, était reproduit avec une touchante unanimité, bien qu'avec des nuances diverses, par tous les interprètes habituels de la pensée du maître, il était clair qu'en y ajoutant foi, on était sûr de ne pas déplaire. Aussi personne ne mit en doute que cette campagne de presse n'eût pour origine, au moins indirectement, une impulsion partie de haut. Ce qu'il y avait d'ailleurs d'excessif et d'agité dans le déchaînement de cette polémique ne semblait pas en désaccord avec l'état d'esprit ou plutôt de nerfs que pouvaient constater chez M. de Bismarck ceux qui approchaient de sa personne. Son tempérament toujours irascible était, on le savait, en ce moment particulièrement surexcité. Son humeur ordinairement hargneuse et chagrine était passée de l'état chronique à l'état aigu, ce qui s'expliquait par une série de mécomptes successifs que sa politique venait de subir. Peu satisfait, en effet, de la réparation à ses yeux insuffisante qu'il avait obtenue chez nous pour les blessures faites par les censures pontificales ou épiscopales, il en avait cherché une plus complète à Bruxelles, d'abord, puis à Rome. Il avait réclamé par des notes hautaines du gouvernement belge des modifications à la loi de la presse, qui permissent de réprimer les attaques auxquelles les catholiques se livraient contre lui. Il avait pressé le gouvernement italien de mettre obstacle à la publication des documents émanés du Vatican, dont il croirait avoir à se plaindre. Nulle part il n'avait trouvé d'accueil. Les ministres du roi Léopold s'étaient noblement refusés à apporter aucune dérogation à la liberté de presse consacrée par leur constitution, et menaçaient de recourir, si on tentait de leur faire violence, à l'appui des puissances garantes de la neutralité belge. Victor-Emmanuel, pour opposer un refus pareil, s'était retranché derrière la loi des garanties, condition de son établissement à Rome, et qui avait promis d'assurer la liberté des communications adressées à l'Église par son chef. Le désagrément était complet. Il n'y avait pas, enfin, jusqu'à l'Espagne qui venait de mettre le comble à ces déconvenues. Car là, comme chez nous, la république avait trouvé un instant dans le fondateur du nouvel empire un auxiliaire inattendu. Mais le jeu, cette fois, ne lui avait pas réussi, et l'avènement d'Alphonse XII venait de s'opérer en dépit de ses efforts et malgré l'appui officiel qu'il avait prêté jusqu'à la dernière heure à la dictature éphémère du général Serrano. Très mécontent de s'être ainsi trouvé en défaut sur tant de pistes différentes, il se laissait aller à des accès d'impatience et avait même des jours de découragement. Il parlait de retraite et de démission, sorte de boutade chagrine très habituelle, comme on sait, aux hommes qui se croient nécessaires et qui, gâtés par la fortune, trouvent qu'elle leur manque d'égards, quand elle ne leur épargne pas toutes les contrariétés. Dans une telle disposition, il était assez naturel qu'il cherchât à faire montre de ce qui lui restait encore de puissance, en essayant de jeter la terreur là où il se croyait sûr de ne rencontrer aucune résistance. Des paroles menaçantes contre la France lui échappaient alors, qui, entendues et répétées par ses affidés, étaient peut-être prises plus au sérieux qu'il n'y avait compté, mais n'en devenaient pas moins de puissants encouragements pour les aspirations belliqueuses qui l'entouraient.

Et puis, ce n'étaient pas toujours de simples paroles, il y eut aussi des actes officiels : un en particulier très important, qui n'avait pu avoir lieu sans un consentement supérieur et qui, par les commentaires dont il fut suivi, était bien propre à accroître le trouble général. Un décret impérial, que rien n'avait préparé, vint interdire à l'Allemagne l'exportation des chevaux. Le motif publiquement allégué pour cette interruption apportée à un des commerces les plus actifs et les plus fructueux de l'empire, ce fut la nécessité de prévenir les acquisitions trop nombreuses faites par le ministère de la guerre français : des contrats venaient d'être passés, assura-t-on, pour plus de dix mille chevaux déjà attendus en France.

Cette remonte de cavalerie tout à fait extraordinaire parut compléter l'accroissement aussi peu justifié de nos régiments de ligne. C'était donc une mesure de salut public que d'y mettre ordre, et la presse ne manqua pas d'y applaudir bruyamment.

Propagée ainsi par tous les échos de la presse comme par les cercles militaires, l'alarme se répandit rapidement dans toute l'Allemagne et principalement dans les petites cours, qui voyaient arriver avec effroi le jour où leur concours allait être encore une fois requis. Les meilleurs esprits et d'ordinaire les plus sages étaient atteints par cette émotion devenue véritablement contagieuse. Ainsi, le prince impérial traversant Munich parut être dans un état d'extrême agitation. Il est arrivé tout ébouriffé, écrivait notre agent consulaire dans cette capitale. C'était le chargé d'affaires d'Angleterre qui avait dû prendre la défense de la France et assurer au prince que tout était faux dans les desseins qu'on nous prêtait. Il n'y en eut pas moins, à la suite de cette visite, une réunion de tous les officiers supérieurs au ministère de la guerre, pour aviser à la situation.

M. de Gontaut était en congé pour quelques mois à Paris, quand on y entendit les grondements de l'orage. M. Decazes l'engagea à retourner sans délai à son poste. Le jour qu'il devait partir, il rencontra dans les coulisses de l'Assemblée un personnage important du parti républicain; de ceux que la nouvelle constitution rapprochait du pouvoir.

— Où en sommes-nous avec l'Allemagne? lui demanda M. Ernest Picard.

— La confiance doit dépasser la crainte, répliqua M. de Gontaut; il y a pourtant deux choses dont je ne puis répondre: c'est votre sagesse à Paris et ce sont les nerfs de M. de Bismarck.

A peine arrivé, il dut se mettre en devoir de dissiper les ombrages du gouvernement impérial en fournissant des explications naturelles et parfaitement sincères des faits qui y avaient donné lieu. Mais, bien que la démonstration ne fût pas difficile à faire, les mesures incriminées étant en réalité inoffensives, la tâche n'en fut pas moins une des plus délicates que dans le cours de sa mission il ait eu à remplir.

La moindre expérience des faits diplomatiques apprend, en effet, que même dans les
rapports ordinaires entre deux États limitro-
phes, nul dissentiment ne peut être plus grave,
et conduire plus aisément au conflit, que celui
qui porte sur le but, la nature et le caractère
de leurs armements. Quand un différend de ce
genre s'élève et s'aigrit, il ne comporte en
réalité aucune solution pacifique. Le droit qui
appartient à une nation de former et de disposer à son gré ses forces militaires, de les
répartir à sa convenance sur les divers points
de son territoire est une condition d'indépendance et une prérogative de souveraineté qu'elle
ne peut en principe se laisser contester par
personne et dont elle doit même trouver mauvais qu'on prétende entraver ou critiquer
l'usage. En fait cependant, il peut y avoir telle
manière d'exercer ce droit, tel accroissement
d'effectif sans aucun rapport avec des besoins
de police ou de défense, tel rassemblement de
troupes opéré sans motif sur une frontière, qui
dénote des intentions suspectes; et le voisin
alors, se sentant menacé, a bien quelque droit
à son tour, pour se garantir de toute surprise,

de demander qu'on les explique et qu'on les justifie. Le débat qui s'élève en ce cas porte sur un point de fait toujours contestable : c'est affaire de mesure, de proportion et surtout de bonne foi. Si la sincérité manque de part ou d'autre, si l'une des parties refuse les éclaircissements qu'on lui demande, ou si l'autre persiste, après les avoir obtenus, dans des inquiétudes sans fondement, deux droits, ou, si l'on veut, deux prétentions se trouvent en présence entre lesquelles aucun accord n'est possible. Combien de guerres depuis deux siècles n'ont pas eu d'autre origine ou d'autre prétexte !

La question qui attendait M. de Gontaut était donc de celles qu'en tout pays et en tout état de cause il est très dangereux à un ambassadeur d'avoir à traiter. Mais, pour le représentant de la France à Berlin, l'épreuve était d'une gravité particulière. Pouvait-il ne pas se rappeler que le débat allait être tout de suite placé sur le terrain même où, dix ans auparavant, s'était trouvée l'Autriche à la veille de Sadowa ! N'était-ce pas faute d'avoir pu rendre compte à la satisfaction de M. de Bismarck de rassemblements de troupes, vrais ou faux, opérés sur la frontière de Bohême que le cabinet de Vienne s'était vu obligé de répondre du soir au lendemain à un défi que son armée n'avait pu relever ? Il semblait même que cette manière de se croire ou de se dire menacé pour motiver une brusque entrée en campagne fût devenue un procédé héréditaire et traditionnel chez les souverains de la maison de Brandebourg. Car c'était celui-là même dont avait usé le grand Frédéric avant d'engager avec Marie-Thérèse la lutte qui mit pendant sept ans l'Europe en feu ; et M. de Bismarck, pour appeler à son tour François-Joseph en champ clos, n'avait eu, dans cette circonstance comme dans bien d'autres, qu'à suivre fidèlement l'exemple du héros qu'il avait pris pour modèle. Dans les deux cas, la demande d'explication sur la nature des armements avait précédé seulement de quelques jours, et comme une simple formalité, l'ouverture des hostilités. Ce double souvenir était un avertissement assez instructif pour apprendre à M. de Gontaut quel piège pouvait être caché ou plutôt quel abîme ouvert derrière l'interrogatoire qu'il devait subir.

Dans quelle mesure même devait-il l'accepter
et de quels termes user pour y répondre? Un
écueil était ici à éviter. Au nombre des conditions qu'une nation vaincue peut être contrainte
d'endurer dans des jours de détresse et de
désespoir, il en était une (la plus humiliante
de toutes) dont nous avions dû nous croire
menacés : puisque c'était celle qu'après Iéna
Napoléon vainqueur avait eu surtout à cœur
de faire subir à la Prusse abattue : et celle-là
cependant, par une heureuse omission, nous
avait été épargnée. Aucune limitation n'avait
été imposée, sous forme de chiffre maximum,
à nos forces militaires : aucune prescription
n'avait été stipulée sur leur nature, leur
répartition et leur emploi : nous restions libres
d'être armés comme bon nous semblait. M. de
Bismarck avait bien prétendu quelquefois qu'à
Versailles M. Thiers lui avait promis que le nouveau gouvernement n'élèverait pas son effectif
au-dessus de celui de Napoléon III. Mais si le
propos avait été tenu, c'était un langage de
conversation dicté par des circonstances passa-
gères qui n'engageait nullement l'avenir et, en
tout cas, n'obligeait que celui qui avait parlé.

La lettre du traité à la main, nous n'avions d'autre droit et d'autres devoirs envers l'Allemagne que ceux qui règlent les rapports de bon voisinage entre deux États contigus. Il importait de n'en pas laisser créer d'autre par une pratique qui n'aurait pas tardé à dégénérer en prescription. Des explications trop complaisantes, trop empressées, et surtout trop émues, auraient, en paraissant reconnaître comme légitime une sorte de contrôle sur notre état militaire, ajouté en fait un article et une rigueur de plus au traité de Francfort.

M. de Gontaut se tira de ce défilé avec le tact et la dextérité qui lui étaient propres. Dans un entretien avec le ministre des affaires étrangères, M. de Bulow, il dut présenter les faits défigurés sous leur véritable jour, mais il le fit sur un ton de naturel, de franchise, je dirais volontiers de bonhomie, qui n'était pas celui d'un inférieur qui a un compte à rendre. moins encore celui d'un accusé qui se justifie. La vérité, d'ailleurs, s'établissait d'elle-même : le vote du quatrième bataillon trouvant son explication écrite d'avance dans les incidents de la délibération qui l'avait précédée et l'acquisition des chevaux ayant eu lieu au compte, non du ministère français, mais de négociants habitués à faire ce genre de commerce en Allemagne et dont les transactions n'avaient pas dépassé, cette année plus que d'autre, la moyenne ordinaire. Bref, le ministre qui, même au début de la séance n'avait pas paru très animé, se rendit assez facilement à l'évidence. Il convint que si effectivement on avait bien eu quelque inquiétude sur les dispositions prises par la France, c'était sans fondement véritable, et quand M. de Gontaut lui affirma avec une certaine chaleur que pendant le séjour qu'il venait de faire en France, il n'avait (très décidément pacifique qu'il était) ni rencontré une personne, ni entendu une parole qui ne fût en accord avec ses sentiments, il n'opposa à ces assertions aucun signe d'incrédulité ni même de doute : la séance se termina par des regrets exprimés en commun sur le tort qu'une presse imprudente, ignorante et souvent intéressée faisait à la paix publique. On put bientôt s'apercevoir que M. de Bulow ne gardait pas son impression de contentement pour lui seul, car peu de jours après, l'empereur rencontrant M. de Gontaut dans une réunion de fête, se montra plus gracieux que jamais pour lui, et en recevant les hommages de l'attaché militaire français, le prince de Polignac, il lui dit, de manière à être entendu :

— On a voulu nous brouiller, mais c'est fini.

Un témoignagne parti de si haut était assurément d'un grand poids. M. de Gontaut ne le jugea pourtant pas suffisant pour lui inspirer pleine confiance. C'était sous l'inspiration de M. de Bulow qu'évidemment l'empereur avait parlé, et le souvenir de ce qui s'était passé à propos des mandements épiscopaux lui avait appris que le chancelier ne se contentait pas toujours aussi facilement que le ministre, et n'hésitait pas à revenir à la charge sur les affaires mêmes qu'on croyait définitivement réglées ; aussi fut-il moins surpris qu'affligé de s'apercevoir, au bout de peu de jours, qu'aucun des symptômes alarmants n'avait disparu.

Le ton de la presse, un instant radouci, n'avait pas tardé à reprendre la même âpreté ; c'était toujours le même empressement à recueillir, à débiter toutes les nouvelles qui, en dénaturant nos intentions, pouvaient exciter la susceptibilité de l'opinion allemande. Des démentis que M. de Bulow avait promis de faire insérer dans les journaux officiels sur des points dont il avait reconnu la fausseté n'étaient donnés que sous une forme partielle et insuffisante : les propos qui circulaient dans les milieux militaires, sans excepter ceux qui émanaient de l'état-major général, gardaient le même caractère d'inquiétude affectée, d'impatience et de provocation. Mais le fait vraiment significatif c'est que c'était surtout parmi ses collègues du corps diplomatique (devant qui on parlait assurément avec plus de liberté qu'en sa présence) que M. de Gontaut remarquait les préoccupations les plus vives ; c'était à qui, des ambassadeurs d'Angleterre, de Russie, et même d'Autriche (quoique celui-là fût toujours le plus réservé) le presserait de recommander à Paris un redoublement de précaution et de prudence. « Ne vous éloignez pas, lui disait l'un d'eux, en l'entendant annoncer le dessein de quitter Berlin pour quelques jours, on ne sait pas ce qui peut arriver en votre absence. »

Celui dont le langage fut le plus explicite, ce fut le doyen de ces chefs de mission, le ministre de Belgique, M. de Nothomb, qui jouissait d'une autorité toute particulière, parce qu'il résidait à la cour de Prusse depuis de longues années, et que, dans les différends récemment engagés avec son gouvernement, il avait été en mesure d'approcher plus qu'aucun autre de M. de Bismarck et d'apprécier l'état de son humeur. Une conversation qu'il avait eu l'occasion d'avoir d'abord avec le chancelier, puis avec le maréchal de Moltke, et dont il fit part à M. de Gontaut, n'avait rien de rassurant. « La France, avait dit M. de Bismarck, est incapable de supporter longtemps le poids dont sa réorganisation militaire charge ses finances; il faut qu'elle réduise ses armements ou qu'elle fasse la guerre; elle est acculée à une folie ou à une inconséquence. » Et M. de Moltke, après avoir développé le même thème : « On a beau dire, avait-il ajouté, moi, je ne vois que les faits; un bataillon peut être de mille hommes, cent quarante-quatre bataillons de plus c'est donc cent quarante-quatre mille hommes que la France vient d'ajouter à son armée ! c'est l'attaque à courte échéance, et nous ne devons pas l'attendre. »

Ce fut encore une conversation, sinon plus significative, au moins plus originale et plus caractéristique, qui acheva d'ouvrir les yeux de M. de Gontaut, sur le fait que le péril durait encore, malgré les assurances officielles qui lui étaient données. Celle-là a reçu une telle publicité, par suite des discussions et des contradictions qu'elle a suscitées, qu'on ne viole aucun secret ni professionnel ni privé, mais qu'on rend au contraire un service à l'histoire en la rapportant textuellement telle que M. de Gontaut en rendit compte, pendant qu'il était encore sous l'impression qu'il en avait ressentie.

Il avait rencontré à dîner chez l'ambassadeur d'Angleterre un diplomate prussien d'un grade élevé, M. de Radowitz, qui avait occupé un poste important au ministère des affaires étrangères, et passait pour jouir de la confiance de M. de Bismarck. M. de Radowitz revenait à ce moment de Saint-Pétersbourg, où, bien que déjà nommé en Grèce, il avait été remplir le poste de chargé d'affaires en l'absence du titulaire de l'ambassade en congé. Il n'y avait aucune proportion entre la valeur politique qu'on lui reconnaissait et l'emploi intérimaire insignifiant dont il s'était chargé : il n'est d'usage d'ailleurs nulle part de donner à un ambassadeur qui prend des vacances un suppléant d'un rang à peu près égal au sien. Tout le monde avait fait cette remarque et on en concluait naturellement qu'en réalité cet envoi si peu motivé était destiné à couvrir une mission confidentielle. De quelle nature étaient les paroles que M. de Radowitz avait dû porter au tsar ? C'est sur quoi la lumière n'était pas faite, et les conjectures, les commentaires allaient leur train. M. de Gontaut en faisait comme d'autres, mais sans avoir mieux réussi à pénétrer le fond du secret. Il soupçonnait seulement (et il vit plus tard qu'il n'avait pas tort) qu'une démarche destinée à rendre plus intime l'accord des deux cours impériales ne devait pas avoir été faite dans une intention qui nous fût favorable. Il n'en fut que plus désireux de savoir quelle était, sur le sujet qui faisait la préoccupation générale, la pensée du convive si intéressant dont il se trouvait inopinément rapproché.

Il entra donc spontanément en matière, en parlant des inquiétudes dénuées de fondement que la presse avait excitées et de la satisfaction qu'il éprouvait à avoir pu les bannir de l'esprit de M. de Bulow. « Je le sais, dit M. de Radowitz, et je sais que le chancelier s'est montré satisfait aussi du rapport que le ministre lui a adressé au sujet de cet entretien. Mais convenons qu'il y avait lieu d'être surpris du supplément dont on voyait vos régiments renforcés à l'improviste tant qu'on n'en connaissait pas l'explication. Vous l'avez donnée, maintenant, et elle a paru suffisante. » Et il ajouta avec une certaine affectation : « Si je n'étais pas autorisé à le dire, je me tairais. »

C'était imprimer d'avance à tout ce qu'il croirait pouvoir affirmer un caractère officiel. M. de Gontaut crut donc devoir reproduire la plupart des considérations qu'il avait développées à M. de Bulow, afin de permettre à son interlocuteur de donner à chacun des points ainsi passés en revue un signe d'adhésion. La parfaite correction de la conduite du gouvernement français et son attitude irréprochable étant ainsi reconnues :

— Mais alors, dit M. de Gontaut, pourquoi ces provocations constantes de la presse, quand il vous serait aisé d'y mettre un terme ?

— Cela ne serait pas aussi facile que vous le croyez, reprit M. de Radowitz : ces journaux, en particulier l'*Allemagne du Nord*, sont considérables, et si on voulait exercer sur eux une direction qui ne leur conviendrait pas, cela pourrait bien devenir l'objet d'une interpellation à la Chambre et même de débats très vifs. Et cette direction elle-même du gouvernement, est-elle aussi facile à donner que vous pensez ? Que ne vient-on pas nous dire sans cesse, au nom des partis qui forment la majorité ? Vous êtes rassurés sur le présent peut-être, mais l'avenir, en répondez-vous ? Pouvez-vous assurer que la France regagnant son ancienne prospérité, ayant réorganisé ses forces militaires, ne trouvera pas alors des alliances qui lui manquent aujourd'hui, et que les ressentiments qu'elle conserve très naturellement pour la prise de deux provinces ne la pousseront inévitablement à déclarer la guerre à l'Allemagne ? Et si nous avons alors laissé la France ressusciter et grandir, n'avons-nous pas tout à craindre? Et si la revanche est la pensée intime de la France (et elle ne peut être autre) pourquoi attendre pour l'attaquer qu'elle ait contracté des alliances? Convenez en effet que politiquement, philosophiquement, *chrétiennement* même, ces déductions sont fondées et de semblables préoccupations sont bien faites pour guider l'Allemagne.

M. de Gontaut garda assez d'empire sur lui-même pour contenir l'indignation que devait lui causer l'exposition naïve d'une si étrange théorie.

— Quoi! lui dit-il pourtant avec quelque animation, vous reconnaissez que notre politique est sage, modérée, à l'abri de toute espèce de reproche! Vous n'avez donc en ce moment aucun motif de nous inquiéter et de vouloir nous faire la guerre. Et cela ne vous suffit pas! Et parce que vous prévoyez que vous aurez peut-être un jour à notre sujet des inquiétudes que vous n'avez pas en ce moment, vous vous mettriez en mesure de nous attaquer! Mais veuillez examiner où conduirait une doctrine pareille si elle était pratiquée universellement: le monde ne serait pas un seul jour en paix, et la guerre ne cesserait de désoler le globe tout entier. Ce que l'on vous dit à notre sujet peut également se concevoir pour toutes les autres puissances. Aujourd'hui, par exemple, vous êtes en paix avec la Russie : vous pouvez cependant avoir des raisons de la redouter un jour et à vos yeux ce serait un motif suffisant pour l'attaquer?

— Oh ! interrompit M. de Radowitz, ce ne serait pas la même chose. Pourquoi penserions-nous à faire la guerre à la Russie avec qui nous n'avons cessé d'entretenir des rapports excellents? Il n'en est pas ainsi de la France : trop souvent nous avons été en guerre avec elle : il y a deux cent cinquante ans elle a ravagé le Palatinat et enlevé l'Alsace à l'Allemagne.

M. de Gontaut se refusa à remonter si haut dans l'histoire et se borna à rappeler en souriant qu'à ce compte la France aurait aussi quelques griefs à faire valoir contre l'Allemagne, d'où lui étaient venues autrefois toutes les invasions barbares.

— Et puis laissez-moi vous dire, ajouta-t-il, puisque vous avez parlé de motifs chrétiens, ce seraient vos procédés qui ne le seraient pas.

L'entretien, qui s'était prolongé plus d'une heure, ne pouvait continuer dans de tels termes. M. de Radowitz y mit fin lui-même par quelques paroles bienveillantes à l'adresse personnelle de M. de Gontaut, en assurant que personne n'était mieux fait pour maintenir les bons rapports entre les deux pays et qu'il avait pleine confiance dans les assurances pacifiques qu'un homme comme lui pouvait donner.

— Mais vous me les donnez pour cette année, ajouta-t-il avec quelque signe d'incrédulité, les donnerez-vous aussi pour l'année prochaine?

— Oui, lui dit énergiquement M. de Gontaut.

Naturellement M. de Gontaut ne se fit pas faute de faire part à ses collègues d'une doctrine qui les intéressait tous et dont la nouveauté était le moindre mérite. Cette manière de bannir la bonne foi des rapports des peuples entre eux, de les constituer à l'état d'hostilité continue en mettant à néant toutes les obligations qui naissent des traités, rencontra peu d'approbateurs. Quelques-uns, à la vérité, refusèrent de la prendre au sérieux, ou, se contentant des assurances données pour le présent, inclinaient à laisser l'avenir prendre soin de lui-même. M. de Radowitz passait d'ailleurs pour avoir la langue un peu intempérante. « Raison de plus, répondait M. de Gontaut, pour ne laisser tomber aucune de ses paroles, puisqu'en parlant sans réflexion, il peut laisser échapper des confidences qu'il aurait mieux fait de garder pour lui. »

D'ailleurs, quelques jours ne s'étaient pas écoulés que M. de Gontaut obtenait enfin d'une source assez sûre des renseignements positifs sur la nature de la mission que le même M. de Radowitz venait de remplir à Saint-Pétersbourg et sur les desseins dont M. de Bismarck avait dû faire part à ce moment à l'homme de confiance qu'il en avait chargé. L'information, à la vérité, venait d'une dame russe, mais en position de savoir bien des choses, puisque son mari était encore chambellan après avoir été ambassadeur, et que son père avait été longtemps ministre. Les propositions faites par M. de Bismarck pouvaient, suivant elle, se résumer ainsi : que la Russie nous laisse faire en Europe tout ce que nous croirions nécessaire pour la sécurité de l'empire allemand, et l'Allemagne lui laissera faire en Orient tout ce qu'elle croira utile à ses intérêts. En un mot, part à deux. Liberté pour nous à l'Occident et pour vous en Orient. C'était, en d'autres termes, le marché proposé à Tilsitt par Napoléon Ier à Alexandre. Mais, loin qu'il eût été accepté, on avait fait semblant de ne pas le comprendre. Le projet était donc avorté pour le présent. Seulement on pouvait se proposer de le reprendre d'un jour à l'autre, et il ne s'accordait que trop bien avec l'ordre d'idées que M. de Radowitz venait de développer. C'était pour procéder sans obstacle à l'exécution de la France qu'on cherchait à détourner vers l'Asie l'attention d'Alexandre [1].

Averti de tant de façons que l'horizon n'était

1. Ce renseignement sur le caractère de la mission de M. de Radowitz à Pétersbourg était confirmé à ce moment même par le général Leflô, d'après l'opinion généralement accréditée dans le monde diplomatique de Pétersbourg. Naturellement le fait a été démenti par M. de Bismarck et ses défenseurs, et c'est même à cette occasion, suivant un journal qui passe pour bien informé, que M. de Bismark s'est exprimé assez sévèrement sur le compte de M. de Radowitz : « Il n'a jamais été mon confident, aurait-il dit, il a hérité de son père l'habitude funeste chez un diplomate de trop parler et de tout dire après le troisième verre. »

nullement éclairci, M. de Gontaut dut saisir toutes les occasions de revoir M. de Bulow pour suivre les changements qui pourraient survenir dans l'atmosphère ministérielle, et il dut reconnaître bientôt que le langage du ministre devenait beaucoup moins explicite et plus réservé qu'il n'avait été dans leur premier entretien. « Je l'ai trouvé, disait-il, obscur, nuageux, plein de réticences et d'ambages. » Enfin, il avait parlé à mots couverts d'un entretien que l'ambassadeur à Paris, le prince de Hohenlohe, avait dû avoir avec M. Decazes dans une intention dont M. de Gontaut (n'ayant du fait aucune connaissance) ne put bien se rendre compte. L'explication ne tarda pas à lui en être donnée.

En réfléchissant sur la conversation comminatoire de M. de Radowitz, le duc Decazes avait pris son parti avec autant de perspicacité que de résolution. Le confident avait bien pu, pensa-t-il, trahir la pensée du maître, mais non l'inventer. Sous une apparente satisfaction donnée au présent, on ne promettait rien, on laissait au contraire tout craindre pour l'avenir. On accordait tout au plus à la France une ou deux années de grâce, et il eût été de la dernière imprudence de s'y fier. Il n'hésita donc pas à communiquer le texte même de la dépêche de M. de Gontaut à nos représentants auprès des gouvernements qui pouvaient prendre à la politique générale de l'Europe un intérêt direct et personnel. Il invitait ces agents, dans une circulaire confidentielle, à se pénétrer des réflexions suggérées par ce document et à ne perdre aucune occasion pour faire ressortir le péril dont était menacée la paix commune par la thèse étrange qui semblait prévaloir dans les conseils du nouvel empire. Il y eut quelque mérite à prendre à temps cette mesure dont la précipitation pouvait paraître excessive, et qui fut, en effet, un instant critiquée, comme témoignant à propos de paroles qui n'avaient pas un caractère officiel une crainte exagérée. La suite vint bientôt faire voir que la précaution très salutaire n'était nullement prématurée.

Le terrain se trouva d'ailleurs partout, j'ai déjà eu occasion de le dire, assez bien préparé pour ce genre d'avertissement. L'impérieuse arrogance qui était le caractère des derniers actes de M. de Bismarck, la pression hautaine qu'il avait cherché à exercer sur la Belgique, la pensée qu'il avait plusieurs fois exprimée de réclamer une législation internationale contre la presse qui l'offensait, causaient une impatience générale. On sentait le joug s'appesantir chaque jour. L'idée que les embarras qu'il s'était créés à l'intérieur le portaient à chercher une diversion au dehors était aussi très généralement accréditée. Notre chargé d'affaires à Londres, M. Gavard, trouva cette crainte assez vivement ressentie chez le ministre anglais lord Derby, qui pensait seulement que c'était l'Autriche qui était destinée à recevoir les premiers coups. Mais la reine des Pays-Bas, cette princesse si distinguée dont Napoléon III avait eu le tort de négliger les salutaires avertissements, fit appeler confidentiellement notre ministre, M. Target, qui jouissait auprès d'elle d'une estime bien méritée, pour l'assurer qu'elle partageait toutes les inquiétudes de M. Decazes, et que ses propres renseignements lui en donnaient la confirmation. « Tout s'embrouille à Berlin, » lui dit-elle. Elle ajouta seulement que l'empereur de Russie, avec qui elle était en relations personnelles, n'allait pas tarder, en se rendant à Ems, à venir faire à son oncle Guillaume sa visite annuelle, et qu'elle comptait sur sa présence pour exercer, à l'heure décisive, une intervention favorable.

C'était bien de ce côté, en effet, que notre clairvoyant ministre des affaires étrangères avait déjà tourné ses regards. Puisqu'il y avait à Saint-Pétersbourg un souverain qui avait déclaré à plusieurs reprises que non seulement il ne voulait pas affaiblir la France, mais qu'il la désirait forte, à la condition qu'elle fût sage, il était naturel d'en appeler à son jugement. Aussi, depuis quelques semaines déjà, quand des rumeurs inquiétantes, mais encore vagues, s'étaient répandues, le général Leflô, retournant à son poste après un congé, avait été chargé directement par le maréchal de Mac-Mahon lui-même d'entretenir le tsar de ce qu'on pouvait craindre : il l'avait trouvé dans les dispositions bienveillantes déjà plus d'une fois témoignées. On trouvait seulement que la France, s'alarmant trop tôt, prenait trop au sérieux des bruits de presse, ajoutait trop de foi aux mauvais desseins imputés à M. de Bismarck, et auxquels en tout cas la sagesse de l'empereur Guillaume ne se prêterait sûrement pas.

« Soyez tranquille, lui avait dit le tsar lui-même, si vous étiez sérieusement menacés, vous le sauriez bien vite. — Et, ajouta-t-il après quelques moments d'hésitation qui donnaient plus de poids à sa garantie : vous le sauriez par moi [1]. »

C'était bien une promesse, mais à une échéance qu'on persévérait à croire éloignée. M. Decazes se proposa de la faire renouveler de manière à être sûr que l'accomplissement arriverait à temps et produirait son effet, quelle que fût la rapidité des événements. C'est ce qu'il chargea le général Leflô d'obtenir dans une lettre confidentielle expédiée sous le couvert du même envoi que sa circulaire générale.

« La doctrine étrange, disait-il, développée par M. de Radowitz est de celles qui doivent

1. Voy. tous les détails de cet entretien et de ceux qui suivirent avec le prince Gortchakoff dans la dépêche du général Leflô, publiée par le *Figaro* du 21 mai 1887.

le plus vivement indigner la conscience honnête et droite de ce grand souverain, et il est digne de lui de la traiter comme elle le mérite. Si je ne suis pas aussi rassuré que le prince Gortchakoff le voudrait, ce n'est pas que je doute de l'appui que son souverain nous prêterait contre de funestes tendances, non plus que de l'influence que son intervention exercerait, *si elle se produisait à temps*. Mais c'est précisément parce que ses volontés pacifiques sont bien connues à Berlin, parce qu'on y sait qu'il protestera énergiquement contre des desseins pervers que je dois craindre qu'ils lui soient soigneusement dissimulés, et qu'on se décide quelque jour de le mettre en présence d'un fait accompli. Je n'aurais plus cette crainte et ma sécurité serait absolue le jour où elle aurait déclaré qu'elle considérerait une surprise comme une injure, et qu'elle ne *laisserait pas cette iniquité s'accomplir*. Avec ce mot la paix du monde serait assurée, et il est bien digne de l'empereur Alexandre de le prononcer. Sa Majesté a daigné vous dire qu'au jour du danger nous serions prévenus, et prévenus par elle... Mais si elle-même n'était pas prévenue à temps, elle devra comprendre et reconnaître qu'elle aussi aura été trompée et surprise, qu'elle se trouvera pour ainsi dire la complice involontaire du piège qui nous aura été tendu, et je dois avoir aussi cette confiance qu'elle vengera ce qui sera son injure propre et couvrira de son épée ceux qui se sont reposés sur son appui. »

M. le général Leflô a raconté lui-même comment, tandis qu'il n'était chargé que de donner lecture de quelques extraits de cette lettre éloquente au chancelier Gortchakoff, celui-ci en réclama la connaissance entière en même temps que des divers documents qui avaient pu la motiver : il voulut ensuite que toutes les pièces restassent entre ses mains afin que le tout fût mis sous les yeux de l'empereur : « Il faut, dit-il, que l'empereur sache toute la vérité ; et je connais mon maître, il appréciera votre démarche. » Une seule ligne, celle où il était question de tirer l'épée, avait paru l'arrêter un instant. « Ceci est bien un peu fort, avait-il dit, mais c'est égal, laissez-le. Nous ne tirerons pas l'épée, nous n'en aurons pas besoin, nous arriverons bien sans cela. » Et, deux jours après, il renvoyait les documents communiqués avec les deux lignes suivantes :

« Général, l'empereur m'a remis ce matin les pièces que vous m'avez confiées ; il m'a chargé de vous remercier de cette preuve de confiance. Sa Majesté a ajouté qu'elle vous confirmait tout ce qu'elle vous a dit de vive voix. »

Puis, quelques jours après, le général, ayant eu occasion d'approcher de l'empereur, afin de le saluer avant son départ pour Berlin :

« Sa Majesté, écrit-il, a beaucoup loué le calme et la sagesse de M. de Gontaut à l'exposé des théories si étranges de M. de Radowitz ; et, comme je faisais remarquer, à ce sujet, à quelles aberrations et débauches d'esprit pouvait conduire une passion aveugle, « pour ne » pas dire plus, reprit vivement l'empereur ; » mais tout cela se calmera, je l'espère ; en » tout cas, vous savez ce que je vous ai dit, » et je le tiendrai. Au revoir, je me souviendrai » et j'espère qu'il n'y aura pas de surprise. »

On voit déjà qu'il n'y avait pas eu de temps à perdre, si l'on voulait que l'ambassadeur abordât directement le prince pour obtenir de lui cette garantie si rassurante ; car, une fois la cour en voyage, il n'y aurait guère eu moyen de courir après lui. Mais M. Decazes dut surtout s'estimer heureux de s'être hâté, lorsque, ayant reçu, le 4 mai au soir, le télégramme du général Leflô, qui lui rendait compte de la conversation impériale, le lendemain 5 mai suivant, au matin, il fut averti que M. le prince de Hohenlohe, ambassadeur d'Allemagne à Paris, se présentait au ministère des affaires étrangères et demandait à être reçu.

Cette visite était inattendue. M. de Hohenlohe, devant quitter Paris pour quelque temps, avait déjà pris congé, et on devait le croire en route depuis vingt-quatre heures. Il avait dû partir l'esprit en repos, puisqu'il avait affirmé à plusieurs reprises que, grâce aux explications données par M. de Gontaut et confirmées par ses propres renseignements, tous les nuages élevés dans l'esprit de son gouvernement étaient dissipés. Le retard de son départ et sa réapparition inopinée étaient donc un sujet d'étonnement, que le message dont il était porteur ne fut pas de nature à diminuer.

« Je suis averti par M. de Bulow (dit le prince non sans un certain embarras) que M. de Gontaut, dans les rapports qu'il vous a faits, s'est montré trop optimiste. M. de Bulow n'est pas si satisfait que M. de Gontaut l'a dit des explications du gouvernement français sur ses armements. Il a peine à croire que la loi des cadres ait été uniquement faite pour assurer l'avancement de quelques capitaines, et il lui paraît plus prudent de compter que toutes vos lois militaires seront appliquées avec toute l'extension qu'elles peuvent recevoir. M. de Bulow lui-même croit que la France n'a pas d'intentions hostiles et ajoute foi à la sincérité de vos intentions pacifiques, mais l'état-major allemand considère toujours que la guerre contre l'Allemagne est le but final de votre organisation militaire. Un autre grief, dont on trouve à Berlin qu'il y a lieu de s'inquiéter, c'est l'entassement dans les caisses de la Banque de six cent millions de billets retirés de la circulation, qui paraissent de nature à constituer un véritable trésor de guerre. Enfin, disait-il en terminant, aucun apaisement ne sera possible tant que les journaux français continueront à dénoncer les intentions de l'Allemagne. »

Le prince ajouta qu'il n'était pas chargé de faire cette communication, qui paraissait ne lui avoir été adressée à lui-même que pour sa propre information et parce qu'il ne semblait pas attacher une importance suffisante aux armements de la France.

Le sang-froid est la première qualité des diplomates comme des militaires. M. Decazes n'en manqua pas, puisqu'il profita de suite de ce que la communication prétendait n'être pas faite officiellement, pour la recevoir sans y répondre et même sans sourciller, et, en reconduisant M. de Hohenlohe, il lui dit seulement : « Au revoir ; nous en causerons à votre retour. » Il est à croire cependant qu'il eût eu plus de peine à rester impassible s'il n'avait eu en poche la promesse que la surprise indignée qu'il éprouvait, la France n'allait plus être seule à la ressentir.

Tout était étrange, en effet, dans le langage qu'il venait d'entendre. C'était directement le contraire de toutes les assurances recueillies successivement de la bouche du ministre, de l'empereur lui-même, puis de l'ambassadeur, et enfin du chancelier, par l'intermédiaire d'un porte-parole qui s'était dit spécialement autorisé. Pour quelle cause et en vue de quel but se donnait-on ainsi un démenti à soi-même? Quel fait nouveau était survenu pour rouvrir le débat après en avoir prononcé la clôture? Il y avait de quoi se perdre en conjectures.

Une supposition, par exemple, qu'on ne pouvait admettre, c'est que M. de Hohenlohe eût parlé comme il avait fait, s'il n'y était, non seulement autorisé, mais expressément invité par une autorité supérieure. Il y a des commissions dont on ne se charge que quand on y est obligé. Si M. de Bulow n'avait fait que révéler ses sentiments personnels à son ambassadeur, celui-ci n'avait aucun motif pour en épancher la confidence dans le cœur du ministre des affaires étrangères de France. De telles effusions ne sont pas d'usage dans la diplomatie, où on doit toujours présumer qu'une indiscrétion est calculée. Ce n'était pas à l'heure même où, pour avoir simplement déplu, M. d'Arnim était mis en jugement et courait risque de sa tête, que son successeur se serait permis de prendre de son chef une initiative qui pouvait tout brouiller. C'eût été une infraction à la discipline pareille à celle d'une sentinelle en faction qui ferait feu sans ordre.

Ce qui n'était pas plus admissible, c'est que M. de Bismarck, après avoir mis ainsi le gouvernement français sur ses gardes, eût l'intention de s'en tenir là et de ne donner aucune suite à son avertissement. S'il dénonçait ainsi les armements de la France comme le péril futur de l'Allemagne, était-ce pour se croiser les bras, les laisser achever en liberté et attendre qu'ils fussent complets, sauf à y faire un jour une opposition tardive? Quand l'avait-on vu se montrer content de faire ainsi des menaces en l'air et de parler sans agir? Non, faite sans ordre, la démarche de M. de Hohenlohe eût été une étourdie impardonnable de l'ambassadeur, mais, ordonnée sans but, elle eût dénoté un défaut de sens encore moins croyable chez un homme d'État qui passait pour n'être dénué que de scrupule.

Il ne restait plus absolument qu'une explication possible, et ce fut celle que M. Decazes adopta, comme aurait fait, je crois, à sa place tout homme de bon sens : c'est que la dénonciation officieuse de l'excès de nos armements n'était que le prélude et la préparation d'une sommation officielle de les réduire. Telle était la conséquence logique, et par conséquent nécessaire de la démarche. Maintenant M. Decazes avait-il tort de penser que le jour où cette demande serait produite et où il faudrait en entretenir la France et l'Assemblée, ce serait le signal d'un appel aux armes? Je crois pouvoir me charger ici de répondre pour lui, et je pense qu'il n'y a pas un de mes collègues d'alors qui n'affirme avec moi que le ministre qui serait venu nous proposer de modifier une de nos lois militaires pour nous conformer à une invitation de l'Allemagne ne serait pas resté à la tribune le temps nécessaire pour achever sa phrase. Les conséquences d'un tel accueil n'auraient assurément échappé à aucun de nous. Nous savions mieux que personne les terribles hasards d'une guerre nouvelle ; nous n'ignorions pas combien les cadres dont nous venions de tracer les lignes étaient encore vides : et il n'était pas un de nous qui n'eût un frère, un fils, un ami que le vote que nous aurions dû émettre ne pût envoyer à la captivité ou à la mort. Mais n'importe : accepter de laisser régler notre état militaire au gré de notre vainqueur de la veille, si ouvertement intéressé à nous maintenir dans une constante faiblesse, c'était consentir à rester dans un état de sujétion indéfinie. Tout valait mieux que de subir une condition. Je pense que (sinon M. de Bismarck, à qui notre humiliation obtenue sans combat aurait peut-être paru préférable), tous les boutefeux de l'état-major allemand nous rendaient la justice de compter sur une résistance qui aurait satisfait leur impatience de rentrer en campagne.

Bien qu'acceptant cette perspective tout aussi résolument qu'aucun de nous, M. Decazes n'en éprouvait pas moins une émotion que je défierais tout homme de cœur de ne pas ressentir quand il sent que d'un mot qu'il peut prononcer dépendent le sort de son pays et peut-être la vie d'un million d'hommes. C'est sous cette impression (suivant le récit d'un de ses amis personnels) qu'il fut trouvé par l'ambassadeur de Russie, le prince Orloff, avec qui il vivait dans de véritables relations d'amitié.

— Mais enfin que ferez-vous, lui dit celui-ci après avoir pris connaissance de l'incident, si l'attaque vous surprend à l'improviste?

— Ce que nous ferons, nous nous retirerons derrière la Loire, c'est là que nous concentrerons notre armée, et nous attendrons de voir si l'Europe laissera, en se croisant les bras, occuper, envahir, dévaster sans motif une nation sans défense.

La conduite qu'il dicta à M. de Gontaut, en lui rendant compte de la démarche du prince de Hohenlohe et de la suite qui en paraissait inévitable, ne se ressentait pourtant nullement de ce qu'on aurait pu prendre pour l'effet d'une exaltation passagère. Une dépêche très bien faite examinait, au contraire, toutes les explications possibles de cette entrée en scène

inattendue avant de s'arrêter à la seule qu'on
pût admettre. Le ministre poussait même son
examen consciencieux jusqu'à discuter sérieusement les alarmes qui lui avaient été exprimées sur l'entassement de valeurs disponibles
dans les caisses de la Banque, et il faisait
remarquer, sans avoir l'air de sourire, que la
méprise était étrange, aucun billet de banque
n'étant retiré de la circulation que contre rem-
boursement d'une valeur égale en numéraire,
ce qui diminuait au lieu de les accroître, en
cas de guerre, les facilités du Trésor. Concluant
enfin qu'il fallait s'attendre à une sommation
prochaine de désarmement, il prescrivait à
M. de Gontaut, quand la proposition lui serait
faite, de ne pas laisser engager la conversation,
attendu, devrait-il dire, qu'aucune instruction
n'avait pu lui être donnée en prévision d'une
exigence qui n'était ni fondée sur aucune disposition du traité ni justifiée par aucun fait.
Il gagnerait ainsi le temps nécessaire pour
attendre l'arrivée du souverain et du chancelier russes, et on lui envoyait en même temps
le texte exact des promesses faites au général
Leflô, afin de le mettre en mesure d'en récla-

mer l'accomplissement. Mais il importait essentiellement, on le voit, qu'aucun débat ne fût entamé et qu'aucun échange de notes officielles n'eût eu lieu avant une intervention qui, mise en présence d'un fait déjà accompli et d'amours-propres engagés, pourrait être ou moins efficace ou plus hésitante.

Ce n'était pas la Russie seulement, c'était toute l'Europe, gouvernements et public, dont il fallait, à la veille d'un jour où chacun pouvait se trouver menacé, ouvrir les yeux et secouer l'indifférence. L'opinion publique anglaise, surtout, dont la malveillance nous avait été, en 1870, presque aussi funeste que la neutralité russe, pouvait être cette fois utilement appelée à notre aide. C'est ce qu'avait déjà bien senti notre excellent chargé d'affaires M. Gavard, qui, à la réception d'un télégramme lui faisant part, en quelques mots, de la conversation de M. de Hohenlohe, avait couru de lui-même, bien que sans en avoir reçu la commission expresse, chez lord Derby : « Je parlais, dit-il, avec une émotion qui n'était pas jouée, car je croyais à un danger immédiat. » Et il en avait obtenu la promesse

que le gouvernement anglais ne manquerait
pas à ce qu'il devait à la paix du monde et à
l'humanité [1]. Le résultat fut complété et
assuré par un article qui parut le lendemain
dans le *Times* et qui, révélant toute la gravité
de la situation, en imputait toute la responsabilité au parti militaire allemand, dont il
dévoilait les intentions.

Les théories professées par M. de Radowitz
y étaient aussi exactement reproduites et géné-
reusement combattues, et l'écrivain anonyme
terminait par cette vive péroraison : « Ces
théories mettent en péril tout ce qui est intact
de cette force morale qu'on appelle le droit
public. Telle est la considération qui devrait
faire sortir l'Europe de son indifférence et lui
rappeler cette recommandation peu flatteuse
mais ingénieuse d'une paysanne qui, en laissant ses enfants seuls à la ferme, leur dit:
« S'il vous arrive quelque chose, ne criez pas :
» au voleur ! personne ne viendrait, car vous
» seriez seuls en danger d'être volés. Criez : au
» feu ! si vous voulez faire venir les voisins,

____

1. Charles Gavard, *Un Diplomate à Londres : Lettres et
notes*, p. 242.

» car le feu peut brûler tout le village. »
L'effet fut subit et profond : ce fut comme la
foudre déchirant les nuages. Le péril, ignoré
la veille hors d'Allemagne et surtout en
France, éclata soudainement à tous les yeux.
D'où partait ce trait de lumière ? On a toujours
soupçonné M. Decazes de n'y avoir pas été
étranger, il s'en est naturellement toujours
défendu. Et, de fait, le correspondant du
Times, que tout le monde connaissait à Paris,
était assez bien informé et doué d'assez de sens
politique pour avoir parlé sans inspirateur.

Il y avait pourtant encore, même à Paris,
un lieu assez fréquenté par le monde diplomatique, où l'on persistait à douter de la
réalité de la crise ; c'était le salon de M. Thiers.
M. Thiers, par une faiblesse assez commune
aux hommes éminents qu'atteint le déclin
de l'âge, n'aimait pas et dépréciait assez
habituellement ses successeurs en qui, avec
raison peut-être, il ne consentait pas à voir
des égaux. De plus, il ne s'apercevait pas
assez que le temps qui glissait sur lui, sans
altérer ses brillantes facultés, amenait pourtant
à côté de lui, chez d'autres, les développements

que donnent la maturité et l'expérience, et eût-on déjà frisé et dépassé la cinquantaine, on était toujours, à ses yeux, un politique imberbe.

A ce titre, M. Decazes, diplomate novice, était l'objet de ses censures et, dans le cas présent, il raillait ses terreurs exagérées; il lui aurait volontiers reproché de n'avoir pas su s'y prendre pour se faire agréer de M. de Bismarck. L'effet de ces propos pouvait être fâcheux, parce qu'ils étaient sûrement transmis par les correspondances de tous les représentants étrangers qui avaient le bon goût de rendre visite à l'ancien président de la République avec les mêmes égards que lorsqu'il était au pouvoir. M. Decazes crut donc utile d'y couper court, il fit passer par l'intermédiaire d'un de nos amis communs, le comte de Bourgoing, sous les yeux de ce juge éclairé, bien que malveillant, les pièces les plus significatives qu'il eût en mains. M. Thiers ouvrit les yeux et se rendit de bonne grâce à l'évidence, et reconnaissant toute la difficulté de la situation, il fit assurer à M. Decazes qu'il n'avait à craindre de la part ni de lui, ni de ses amis, aucune opposition dans l'Assemblée. Il offrit de

tenir le même langage au prince Orloff, afin
que l'on sût bien auprès du tsar que si la
Russie prenait fait et cause pour la France,
elle s'assurerait la reconnaissance de l'unanimité de tous les partis. Rien de plus honorable
qu'une telle conduite, et la confiance justifiée
que M. Decazes avait placée ainsi dans le patriotisme de M. Thiers lui faisait honneur à
lui-même. Mais ce qui fut peut-être moins
exact à la fois et moins généreux, ce fut ce
qu'ont fait depuis lors quelques-uns de ses
amis qui se sont plu à dénaturer cette rencontre très naturelle de deux bons Français.
Suivant eux, ce fut M. Decazes qui, ne sachant
comment sortir de peine, vint tout éploré se
recommander au crédit que la sagesse de
M. Thiers avait conservé en Europe. Le nau-
tonier inexpérimenté abandonna pour quelques heures, dans la tempête, le gouvernail
au vieux pilote. Le simple rapprochement de
quelques dates montre la fausseté risible de
cette fable. J'ignore quel aurait pu être l'effet
de la conversation de M. Thiers avec l'ambassadeur russe si elle fût arrivée à temps; un
tel concours aurait eu assurément une véritable

utilité. Mais avant qu'on pût en être informé en Russie, la partie était gagnée et la conviction faite dans l'esprit du tsar [1].

Tout était donc prêt pour que la sommation de désarmer, si elle nous arrivait, fût accueillie par un sentiment aussi unanime qu'énergique de réprobation morale, et c'est à cause de cela même qu'elle n'arriva pas. Il n'est pas de meilleure parade, ni surtout de plus sûre, que celle qui prévient le coup avant qu'il soit porté. Toujours est-il qu'au moment où cette conclusion naturelle de tant de menaces répétées était attendue, la retraite s'opéra inopinément et à la fois sur toute la ligne, aussi

1. Le hasard a fait que ce petit conte tiré d'un fait si étrangement défiguré a été rapporté avec assurance par un candidat républicain, dans une élection où nous étions en concurrence. Je dus y opposer un démenti absolu, en m'appuyant sur le témoignage formel de M. Decazes. Depuis lors, ce candidat, devenu député, a été l'un des douze ou treize ministres des affaires étrangères qui ont remplacé M. Decazes, et il a pu s'assurer par lui-même qu'il avait été mal renseigné. La seule trace de l'intervention de M. Thiers que j'aie trouvée dans la correspondance de M. de Gontaut est un propos de l'empereur de Russie disant, en conversation, qu'il a été bien aise d'apprendre que M. Thiers se rapprochait du maréchal de Mac-Mahon. M. de Gontaut, n'ayant pas compris ce qu'il voulait dire, demanda l'explication de cette phrase à M. Decazes, qui lui raconta alors tout ce qui s'était passé entre M. Thiers et lui.

bien politique que militaire. La presse fut la première à en donner le signal, tout comme elle avait été naguère la première à ouvrir l'attaque. Le 10 mai au matin, le jour même où on attendait l'arrivée de l'empereur de Russie à Berlin, parut un article de l'*Allemagne du Nord* exprimant une profonde surprise des inquiétudes répandues en Europe, « attendu était-il écrit en gros caractères, qu'entre les gouvernements français et allemand *il n'était pas survenu le moindre incident inquiétant* ». **Et** pour que rien ne manquât à cette audacieuse négation de la vérité, le même journal donnait en preuve de son assertion le départ de **M.** de Hohenlohe, qui n'aurait assurément pas quitté son poste si l'accord n'avait pas régné entre les deux gouvernements. Pas un mot, bien entendu, du trait envenimé que cet ambassadeur avait lancé avant de partir. A la suite de ces déclarations dont la naïveté faisait sourire, venait une réclamation amère contre l'article du *Times*, où un écrivain inconnu s'était plu à calomnier les intentions innocentes de l'empire et du chancelier. Puis, l'arrivée impériale ayant eu lieu, le prince Gortchakoff vint le premier trouver M. de Gontaut en lui disant :

« Vous avez été inquiets, rassurez-vous. L'empereur qui désire vous voir vous rassurera plus complètement encore ; Bismarck s'est montré animé des intentions les plus pacifiques; il assure que les rapports avec la France n'ont jamais été meilleurs. »

Que s'était-il donc passé ? On ne tarda pas à le savoir. Alexandre avait été devancé de quelques jours par son ambassadeur à Londres, le comte Schouvaloff, qui, se rendant à son poste et en traversant Berlin, fit connaître au chancelier comme à l'empereur Guillaume les dispositions très arrêtées de son souverain. Il l'avertit (dit un narrateur qui dut être très bien informé) de bien faire attention à ce qu'il allait faire et l'assura que s'il ne voulait pas l'en croire, d'autres allaient bientôt le suivre à qui il serait bien obligé d'ajouter foi. Heureux peut-être d'être averti à temps, M. de Bismarck jugea prudent de se conformer à cet avis significatif, d'autant plus que le vieil empereur, qui n'avait peut-être pas bien compris dans quelle voie on le menait, se montra très résolu à n'y pas faire un pas de plus. Entre temps, une dépêche de Londres, écrite dans le sens qu'avait annoncé M. Gavard, était arrivée juste à point pour que le mouvement de conversion déjà commencé se terminât par un changement complet. M. de Bismarck soutint publiquement, avec une imperturbable audace (dit toujours le même récit), que tout le bruit avait été fait par des spéculateurs de bourse à la baisse et par les intrigues des cléricaux [1].

Dès lors tous les nuages étant dissipés, la situation se dégagea naturellement. L'entretien de M. de Gontaut avec le tsar eut lieu à l'ambassade de Russie, et fut long, complet autant qu'affectueux. Le prince, en se levant, le résuma par ces mots prononcés avec une solennité émue : « La paix est nécessaire au monde, chacun a assez à faire chez soi. Comptez sur moi et soyez tranquille. Dites au maréchal de Mac-Mahon mon estime pour sa personne et mes vœux pour que son gouvernement se consolide. J'espère que nos relations seront de

---

1. *L'Allemagne depuis le traité de Francfort* (*Revue d'Édimbourg*, octobre 1879). Cet article paraît avoir été inspiré par la communication de renseignements officiels.

plus en plus cordiales, nous avons des intérêts communs : nous devons rester unis. »

Mais ce qu'il y eut de plus singulier, c'est que de ces armements de la France si mal famés et dont on avait fait tant de bruit, pas un mot ne paraît avoir été touché dans les conversations entre les deux empereurs et leurs ministres. Le prince Gortchakoff ne fit pas difficulté d'affirmer à M. de Gontaut qu'à plusieurs reprises dans ses conférences avec M. de Bismarck, il avait eu soin de bien établir le droit qui appartient à tout État de procéder à son gré à son organisation militaire, sans qu'à cette déclaration réitérée, son interlocuteur eût ni opposé une réserve, ni fait une exception, sans qu'il eût laissé voir sur son visage un signe de dissidence ou même une expression d'embarras. Encore moins fut-il question de la scène insolite dont le ministère du quai d'Orsay avait été le théâtre, bien que le coup de tête devînt plus étrange, s'il était tenu pour non avenu, et qu'aucune suite n'y fût donnée. Enfin, il n'y eut pas jusqu'à M. de Hohenlohe lui-même qui reçut ordre de faire semblant d'oublier cette malencontreuse équipée, car ce fut lui qui, à son retour à Paris, dut venir à l'une des réunions du maréchal, l'assurer qu'il revenait comme un messager de la paix, dont son souverain entendait rester le vigilant et rigoureux gardien.

Ce dont personne ne voulait se souvenir, ce n'était ni à M. Decazes ni à M. de Gontaut à en réveiller la mémoire. M. de Gontaut était d'autant plus disposé à passer tout le dernier incident sous silence, qu'à peine s'il avait eu le temps d'en prendre connaissance. La lettre qui lui en faisait le récit ayant devancé de peu d'heures l'effet produit par la présence de l'empereur de Russie, il s'était trouvé par là dispensé de s'en préoccuper. C'est ainsi qu'un fait qui donnait le véritable mot de la situation est resté à peu près ignoré, et à peine s'il a été mentionné quelques années après, par les polémiques rétrospectives qui s'engagèrent, dans la presse allemande, sur le véritable caractère de cette crise passagère [1].

1. Ce n'est en effet que quatre années plus tard, qu'à propos d'un article publié dans le *Figaro* du mois d'octobre 1879, une controverse s'est élevée dans les journaux allemands au sujet de ce qu'on appelle la crise de 1875. Tous les journaux officieux de M. de Bismarck ont soutenu que les desseins qu'on lui

C'est pourtant ce contraste entre la solennité de l'acte et l'inanité de son résultat dont les apologistes officieux de M. de Bismarck ne pourront jamais donner une explication satisfaisante ; ils ne peuvent disculper ses intentions qu'en accusant les lacunes de son intelligence, et c'est un point sur lequel ils ne pourront convaincre personne. Ou bien les paroles que M. Decazes entendit de la bouche de l'ambassadeur allemand étaient vides de sens, ou bien c'était le signe précurseur d'un orage qui aurait éclaté le lendemain, si on ne s'était trouvé en mesure de le détourner. C'est ce qu'indiquait à mots couverts, mais avec la précision de l'esprit britannique, le ministre anglais lord Derby, interpellé au Parlement sur le rôle qu'il avait fait jouer à l'Angleterre dans une partie où la paix générale était engagée. *Il avait*

avait prêtés étaient des inventions destinées à servir de prétexte au gouvernement français et russe pour motiver leur rapprochement. Je n'ai garde de m'engager dans le détail de ces débats rétrospectifs qui ont donné lieu à des propos injurieux contre M. Decazes et contre le prince Gortchakoff. Je m'en tiens à l'alternative que j'ai posée. Ou la démarche commandée à M. de Hohenlohe par M. de Bismarck était une solennelle niaiserie, où elle annonçait une sommation qui eût amené la guerre, parce qu'elle aurait été sûrement refusée.

été dit, fit savoir lord Derby, *par des personnes ayant l'autorité et la position la plus haute que, pour éviter une guerre, l'interruption des armements français était nécessaire, et il y avait de bonnes raisons de craindre que le premier pas fût une invitation formelle faite par l'Allemagne à la France de discontinuer ses armements. Si cette demande eût été faite, il eût été difficile de maintenir la paix* [1].

---

1. Quelles étaient ces personnes *d'une autorité et d'une position* si hautes que lord Derby désignait comme lui ayant donné cet avertissement salutaire? On crut généralement qu'il avait indiqué par là une intervention directe faite par l'ambassadeur d'Allemagne à Londres, le comte Munster, qui aurait été ainsi chargé de s'exprimer dans le même sens au *Foreign Office* que M. de Hohenlohe à Paris. Mais ce fait, affirmé par toute la presse d'Europe, a été positivement démenti par M. de Bismarck et par le comte Munster lui-même. On doit donc supposer que lord Derby avait seulement voulu faire allusion à la démarche de M. de Hohenlohe dont M. Gavard lui avait donné connaissance.

III

Ainsi s'évanouissait, en quelque sorte, en fumée, la vive émotion à laquelle tout le monde politique avait été en proie pendant six semaines. Il n'en restait de trace que dans l'esprit de M. de Bismarck ; mais là elle fut profonde et durable. Pour la première fois sur le théâtre où il régnait en maître, il avait paru, devant un public railleur, convaincu de duplicité et d'impuissance : vainement multipliait-il ses dénégations avec une hauteur affectée ; il lisait une incrédulité maligne peinte sur le visage de tous ceux qui l'entouraient, principalement dans le monde officiel et diplomatique. Son déplaisir était grand et s'exhala à la première heure en termes amers, visant aux plus hautes adresses. Le discours de lord Derby d'abord eut le don de l'exaspérer, et il répondit dans son journal officiel par un démenti d'une vivacité presque blessante. Mais c'est surtout contre le ministre russe qu'il avait peine à ne pas donner carrière, même en public, à son irritation. Il l'accusait d'avoir saisi avec empressement, peut-être même provoqué l'occasion de ménager à son maître une entrée fastueuse sur la scène politique, en le posant en arbitre de la paix, quand elle n'était nullement menacée.

« Ménagez-le, disait à M. de Gontaut le prince Gortchakoff, ému de l'état d'esprit où il le voyait ; il est sombre et nerveux ; il ne cesse de nous railler sur le *Quos ego* de Virgile, que nous avons prononcé, dit-il, quand la tempête n'était pas soulevée. Ne vous montrez pas, en sa présence, trop satisfait. »

Le conseil était sage, mais peut-être le prince Gortchakoff aurait-il bien fait de l'observer mieux lui-même et de ne pas triompher pour son compte trop ostensiblement. C'est du moins ce que fit croire un petit incident de presse assez singulier qui causa à ce moment même beaucoup de rumeur, et est encore aujourd'hui assez diversement interprété par ceux qui le rapportent. Au moment où l'empereur de Russie quittait Berlin pour se rendre à Ems, les journaux de Stuttgart publièrent une dépêche télégraphique adressée en son nom par son chancelier à sa sœur, la reine de Wurtemberg ; elle était écrite en français, non chiffrée et conçue en ces termes : « L'*emporté* de Berlin donne des assurances formelles de paix. » Ce fut un étonnement général et effectivement il était difficile de concevoir quelque chose de moins diplomatique que cette épithète presque injurieuse accolée au nom du premier homme d'État d'Allemagne ; mais ce qui parut plus étrange encore, c'était le défaut de précaution qui en avait permis, et semblait même en avoir provoqué la publicité. L'irritation de la presse dévouée à M. de Bismarck fut extrême et non sans cause. Une explication assez naturelle et tout à fait croyable a pourtant été donnée d'un procédé si peu convenable : c'était tout simplement une méprise dans la traduction des signes télégraphiques. La dépêche, rédigée avec les abréviations ordinaires à ce genre de communication, portait :

« (J') emporte de Berlin assurances formelles de paix. » Un accent mis sur la dernière lettre du mot *emporte* avait fait d'un temps de verbe tout à fait inoffensif un adjectif très malsonnant, et comme la nouvelle en soi n'avait rien que d'utile à faire connaître, il était naturel de n'avoir pris aucune précaution pour prévenir l'indiscrétion du télégraphe. C'est sans doute ainsi que dut être prévenue la susceptibilité de M. de Bismarck qui, sans cette rectification, eût été assurément légitime. Mais de tels malentendus sont toujours fâcheux, parce que personne ne s'y tromperait, s'ils ne correspondaient pas à un certain fond de vérité. Et même l'erreur une fois éclaircie, M. de Bismarck ne dut pas être flatté du portrait où on avait cru reconnaître la ressemblance de l'original [1].

Une seule chose pourtant, en réalité, était sérieusement à craindre, c'est que, usant de son crédit habituel, il ne fît partager son

1. L'explication que je présente de cette dépêche restée fameuse, qui a fort ému la colère de la presse allemande, est, m'a-t-on assuré, celle que donne le journaliste wurtembergeois, qui l'a publiée le premier.

mécontentement à son souverain. Ne tenterait-il pas de lui persuader qu'on l'avait fait tomber dans un piège et que, menaces de guerre comme intervention pacificatrice, tout était une comédie arrangée d'avance où ce n'était pas lui qui avait joué le premier rôle. L'humeur qu'il aurait conçue alors d'être pris pour dupe pouvait causer des complications nouvelles dans une situation à peine raffermie. Si cette tentative fut faite pour aigrir l'esprit du vieillard et piquer son amour-propre, ce fut sans succès. Arrivé aux dernières limites de la vie, Guillaume était trop rassasié de gloire, il sentait trop le besoin de repos que l'âge amène, pour s'émouvoir de petites susceptibilités. Sa confiance dans son neveu ne parut pas ébranlée. Force fut alors au politique déçu de ronger son frein en silence, et, pour emprunter comme lui les termes du poète latin, de garder caché au fond intime de son âme le ressentiment de son injure, sauf à la faire reparaître plus tard, après trois ans déjà écoulés, quand un congrès réuni à Berlin fit asseoir de nouveau les deux chanceliers côte à côte. Ce jour-là, l'Allemand se crut libre de prendre sa revanche, en portant au Russe des traits encore couverts d'une apparence amicale, mais qui ont mis fin pour longtemps à l'intimité des deux empires.

En attendant, à la place des grands coupables qu'il dut se reconnaître hors d'état d'atteindre, il en était un de moindre puissance, qu'il crut avoir sous la main et tenir à sa discrétion ; et celui-là, dont l'offense, partie de moins haut, lui était, par là même, plus sensible, dut payer pour tout le monde : ce fut M. de Gontaut. S'il était vrai, en effet, que tout eût consisté en un coup monté entre la France et la Russie, M. de Gontaut, placé au centre même d'où partait la manœuvre, avait dû en être un des principaux artisans. Sous ce rapport, M. de Bismarck n'avait pas absolument tort, et la colère le rendait clairvoyant. C'était bien M. de Gontaut, en effet, qui, en prêtant aux bruits répandus autour de lui une oreille attentive et intelligente, en refusant de se laisser endormir par des dénégations officielles, en recevant et provoquant d'instructives confidences, avait donné l'éveil, transmis ensuite de Paris à Saint-Pétersbourg. C'était, en particulier, l'entretien de M. de

Gontaut avec M. de Radowitz, dont la fidèle et piquante relation, mise à temps sous les yeux du tsar, avait fait arriver à l'heure critique le *veto* impérial. C'était donc bien, en réalité, M. de Gontaut qui avait préparé la pièce dont le jeu imprévu démontait les batteries prussiennes, et M. de Bismarck avait autant de raisons de lui en garder rancune que la France doit en avoir encore aujourd'hui d'en être reconnaissante envers sa mémoire.

M. de Gontaut ne se faisait aucune illusion sur les moyens dont le chancelier disposait et dont il aimait à faire usage pour venger une blessure d'amour-propre ou se délivrer d'une présence importune. A défaut d'autre expérience, celle qu'il avait vu faire sur ma personne pendant mon rapide passage au ministère ne lui aurait laissé à cet égard rien à apprendre. Il ne fut donc nullement surpris de voir cette presse complaisante qui venait, pendant la durée de la crise, de souffler tour à tour avec la même docilité la paix et la guerre, se retourner à un jour donné contre lui, le mettre en quelque sorte sur la sellette pour le poursuivre de ses attaques et bientôt de ses invectives. Ce fut une exécution en règle. Toute sa vie, passée et présente, publique et privée, toutes ses relations de famille et de société, furent successivement passées au crible avec la même âpreté calomnieuse, le tout avec un ensemble merveilleux et cet accord parfait des instruments les plus divers, qui, à chaque évolution de ce genre, attestait l'unité de la direction. Au milieu de beaucoup de griefs insignifiants ou vulgaires, dont l'expression était souvent triviale, il en était un en particulier qui, reproduit avec insistance, trahissait suffisamment l'origine et le but de cette polémique injurieuse. M. de Gontaut était représenté comme ayant profité de ses rapports avec la cour et de la sympathie des catholiques allemands pour faire de son ambassade un centre d'hostilité et d'intrigue contre la politique du chancelier. La conséquence était naturelle. L'Allemagne ne pouvait souffrir que l'agent d'une puissance étrangère et toujours ennemie devînt impunément le chef et l'âme d'une coterie opposante. Le rappel de M. de Gontaut était donc pour l'empire une affaire de dignité, presque un intérêt de salut public.

M. de Bismarck se devait à lui-même de l'exiger. Effectivement, on dit bientôt qu'il se croyait sûr de l'obtenir et même déjà en mesure de désigner le successeur : il avait, ajoutait-on, fait choix de M. Thiers comme du seul homme politique français qui comprît la situation et avec qui il pût faire bon ménage.

Rien n'est plus contraire aux habitudes de courtoisie internationale qui font le lien des États civilisés, que des attaques personnelles et nominatives contre un ambassadeur en fonction. Dans les pays même où la presse jouit d'une liberté très étendue, il n'y a que des organes du plus bas étage et étrangers à toute idée de décence qui s'écartent à ce point des bienséances. De la part d'une presse disciplinée et marchant à l'ordre comme celle d'Allemagne, c'était un véritable scandale, et les collègues de M. de Gontaut venant se serrer autour de lui, pour protester contre une injure commune, ne cachèrent pas leur mécontentement. Mais ce que ni eux ni personne n'aurait pu supposer, c'est que M. de Bismarck, trouvant sans doute que l'exécution qu'il provoquait tardait trop à venir, se mettait en devoir d'y procéder lui-même. On ne peut expliquer, en effet, que par le désir de rendre à M. de Gontaut le séjour de Berlin impossible, l'accueil qu'il lui réserva la première fois qu'il dut le recevoir, après l'ennui et les dégouts qu'il l'accusait de lui avoir causés. Le tour qu'il donna tout de suite à l'entretien fut tel, que si le dialogue avait été poursuivi des deux parts avec le même oubli des convenances et des égards mutuels, les acteurs, après s'être ainsi quittés, n'auraient plus pu se retrouver en face l'un de l'autre.

Quand cette première entrevue eut lieu, le 31 décembre 1875, quelques mois étaient déjà écoulés depuis les agitations du dernier printemps, M. de Bismarck lui-même ayant profité de ses fréquentes absences pendant l'été, saison d'eaux et de villégiature, pour éviter les visites que M. de Gontaut, à plusieurs reprises, avait essayé de lui rendre, et tout s'était borné entre eux à des échanges de cartes.

Rien donc n'eût été si aisé que d'éviter toute allusion à un passé dont le souvenir commençait à s'effacer, et M. de Gontaut lui rendit cet oubli facile en commençant par se féliciter que cette année s'ouvrît sans aucun sujet de dissentiment entre les deux pays.

— Vous trouvez ? dit brusquement M. de Bismarck. Je suis bien aise de vous entendre parler ainsi. Vous ne croyez donc plus que je veuille commencer la guerre et mettre l'Europe à feu et à sang ?

Et partant de là, sans transition, il rentra dans une longue apologie de toute sa conduite, que personne pourtant ne venait de mettre en cause. Le but évident de cette justification sans motif était de rejeter la responsabilité du trouble qui lui était imputé d'abord (c'était le thème convenu) sur les manœuvres des agioteurs et des cléricaux, mais ensuite et surtout sur l'effet des fausses nouvelles envoyées de Paris à Saint-Pétersbourg.

— C'est de France, je le sais, qu'Orloff a donné le signal de l'alarme, et vous-même, ajouta-t-il en regardant fixement M. de Gontaut qui était assis en face de lui, vous avez été à Saint-Pétersbourg l'hiver dernier dire que je voulais la guerre.

Surpris, mais non troublé par cette prise à partie personnelle :

— Non, répondit M. de Gontaut, ce n'est pas l'an dernier, que j'ai été à Saint-Pétersbourg, c'est il y a deux ans et deux mois que j'y ai fait un court séjour.

— C'est bien l'an dernier : vos souvenirs vous servent mal.

M. de Gontaut n'eut pas de peine à établir que ce n'était pas lui qui se trompait. Réduit alors au silence, M. de Bismarck ne prit pas même la peine de s'excuser de la persistance à peine polie qu'il avait mise à maintenir son erreur.

Cet étrange incident aurait suffi pour avertir M. de Gontaut que le dessein formé par le chancelier était de faire naître entre eux une discussion personnelle, qui deviendrait probablement très animée et dont le récit fait à plaisir, en l'absence de témoins, mettrait à coup sûr tous les torts de son côté. Il prit donc le parti fort sage de laisser passer un flux de paroles que, d'ailleurs, rien ne pouvait arrêter, et d'y répondre avec aussi peu de mots que possible, se bornant à se défendre modérément des reproches, à rétablir les faits dénaturés : évitant d'ailleurs des récriminations qu'il n'aurait été que trop facile de rendre concluantes et victorieuses, mais qui, en aigrissant le débat, l'auraient conduit justement au but recherché. Il poussa même le sang-froid jusqu'à ne contester aucune des preuves que M. de Bismarck donnait de sa modération. Il laissa passer sans rien dire des protestations comme celles-ci :

— Si on ne veut pas croire à mes protestations pacifiques, il est inutile que je les continue ; la vertu est vraiment en ce monde bien inutile !

— On y gagne au moins, répondit M. de Gontaut en souriant, la satisfaction de la conscience.

Moyennant cette attitude prudente, l'entretien se termina sans amener la rupture apparente.

« Je crois, écrivait M. de Gontaut au duc Decazes en sortant de cette chaude séance, qu'il a été fort contrarié de mon attitude réservée. Je ne m'attendais guère à la tournure que prendrait tout de suite notre entretien. Quand je l'ai vue, j'ai pris la résolution de parler le moins possible, afin de ne pas faire son jeu. Je sentais que si j'entrais en discussion, je me contiendrais peut-être avec difficulté et que je serais entraîné probablement plus loin que je ne voudrais aller. J'ai compris aussi plus fortement peut-être que je ne l'avais compris jusqu'ici, l'étendue de ma responsabilité et la nécessité où je suis de souffrir personnellement pour ne pas compromettre les intérêts de mon pays et de mon gouvernement. Voilà, mon cher ami, ce qui m'a permis de supporter avec patience un entretien pénible et presque blessant : il ne fallait rien moins que de pareilles considérations pour m'y résigner. La situation est peu agréable, mais il faut s'y résigner aussi longtemps que possible. Je suis décidé, pour ma part, à redoubler de patience et de prudence, jusqu'au jour où le maréchal jugera bon de me relever de faction. »

Les provocations n'étant pas relevées et les insinuations n'étant pas comprises, il fallut bien se décider à parler franc et à tendre au but par la voie directe. Ce fut encore M. de Hohenlohe qui fut chargé d'aller avec un embarras visible donner communication à M. Decazes d'une lettre de M. de Bulow, probablement écrite aussi par celui-ci à contre-cœur. Le rappel de

M. de Gontaut y était demandé en termes formels; les motifs allégués pour cette exigence n'étaient ni graves ni précis; mais l'amertume du langage était évidemment destinée à suppléer à l'insuffisance du fond. C'était un véritable réquisitoire incriminant les moindres actes de tous les membres même les plus humbles de l'ambassade de France. Tout le monde, y était-il dit, y conspirait contre l'empire, depuis le chancelier du consulat, qui vivait avec les correspondants des journaux français les plus hostiles à l'Allemagne, en passant par les secrétaires et l'attaché militaire qui tenaient des propos inconvenants, pour finir par l'ambassadeur lui-même, devenu le chef d'une camarilla, qui se mêlait d'intrigues ministérielles dans un sens ouvertement opposé au chancelier; il travaillait à lui ravir la faveur du souverain et voulait, en un mot (était-il dit, par une réminiscence historique dont le sens n'était pas bien clair) renouveler les traditions de la cour de Catherine seconde, mais oubliait que jamais dans notre siècle on ne tolérerait de pareilles attitudes. Jamais les ministres anglais ne supporteraient qu'un ambassadeur entretînt des rapports avec les partis hostiles au cabinet formé par la reine. En résumé, M. de Bulow déclarait ne pouvoir continuer à rester en relation avec M. de Gontaut.

Je n'ai pas besoin de faire remarquer que cette déclaration ne s'appuyait sur aucun droit ni même sur aucun usage diplomatique. Si, en vertu d'une règle de courtoisie habituellement observée, avant d'accréditer un ambassadeur, on s'assure que le choix sera agréable à la cour qui doit le recevoir, une fois cet agrément obtenu (et il faut des motifs graves pour qu'il soit refusé), il n'y a plus à y revenir. L'agent, une fois en fonction, ne peut pas voir à tout moment la durée de son mandat limitée par le bon plaisir d'une puissance qu'il est de son devoir quelquefois de contrarier, et qui pourrait n'avoir à lui reprocher que de trop bien servir et de défendre avec trop de chaleur les intérêts nationaux dont il est le représentant. Il serait trop commode, en vérité, pour cette puissance, de se délivrer à son gré d'un négociateur qu'elle trouverait trop avisé ou d'un observateur dont la perspicacité lui semblerait gênante.

Dans le cas particulier, si l'on eût accepté le congé donné avec cette hauteur cavalière à M. de Gontaut, quelle eût été la situation de son successeur? Averti par avance qu'il n'était ambassadeur que par tolérance, et qu'il devait céder la place dès qu'il aurait cessé d'être agréable, ce ne seraient pas des lettres de créance qu'il aurait apportées, mais un hommage de vassalité. C'eût été (pour faire une application plus juste du souvenir même rappelé par M. de Bismarck) exactement le cas de l'envoyé de la Pologne mutilée à la cour de Catherine. Tout l'art de M. Decazes devait donc consister à n'avoir pas l'air d'admettre ni même de comprendre la prétention dont il devait pourtant réfuter les motifs.

C'est à quoi il fut singulièrement aidé par le caractère vague de ce qu'il appela très justement un procès de tendance : assemblage de petits faits dont aucun ne supportait l'examen sérieux, et quelques-uns étaient relatifs à des agents inférieurs qui avaient déjà quitté Berlin. Quant au reproche principal adressé à M. de Gontaut, aucune preuve n'était donnée à l'appui, et, de fait, il eût été difficile de le

préciser davantage, car les relations dont
M. de Bismarck prenait ombrage, c'était principalement, tout le monde le savait, l'intimité
de l'impératrice et des princesses avec la
famille de Gontaut : singulier grief, et qu'un
ambassadeur de l'empire ne pouvait décemment
exprimer en termes trop clairs. Quant aux
catholiques allemands du Parlement, quoi
qu'en eussent dit quelques journaux, M. de
Gontaut, malgré son estime pour leur caractère et son admiration pour leurs talents,
s'était abstenu de les fréquenter : réserve faci-
litée d'ailleurs par l'attitude de ces catholiques
eux-mêmes, qui tenaient, comme j'ai déjà eu
occasion de le dire, à éviter toute ombre de
rapport avec l'étranger, autant par scrupule de
patriotisme que par précaution pour ne pas
compromettre leur popularité. M. Decazes dit
même à ce sujet avec une finesse railleuse :

« Nous n'avons garde de nous mêler de vos
affaires intérieures ; nous savons que si on
nous y voyait prendre trop de part, ce serait
un moyen d'atténuer plutôt que d'aggraver
vos difficultés. »

Enfin, il conclut en disant très nettement :

« Je dois cette justice à M. de Gontaut, que sans lui nous n'aurions pu mettre nos relations sur le pied où elles sont aujourd'hui.

Puis, pour ne pas laisser attendre une autre réponse, il déclina l'offre qui lui fut faite de recevoir la copie du document dont il venait d'entendre la lecture. Il promit seulement d'informer le maréchal de Mac-Mahon de tout ce qu'il venait d'entendre. Dans une question de dignité et d'honneur, le sentiment du maréchal n'était pas douteux.

« Patience, mon pauvre ami ! » écrivait M. Decazes à M. de Gontaut, en lui rendant compte de la conversation.

C'est une vertu dont M. de Gontaut avait fait, on vient de le voir, une provision qui n'était pas encore épuisée. Il entrevoyait pourtant déjà le moment où il en verrait le terme : ce serait le jour où il cesserait de se sentir soutenu par la confiance sincère et sans réserve de son gouvernement. A ce point de vue, si l'accord de sentiments qui n'avait jamais cessé de régner entre M. Decazes et lui ne lui laissait aucune crainte, il n'en était pas de même du changement qui s'opérait à ce moment même dans la situation intérieure de la France. L'Assemblée nationale venait de se séparer et les élections de la Chambre appelée à la remplacer faisaient perdre la majorité aux conservateurs. Dans un cabinet nouveau dont M. Dufaure devenait le chef, M. Decazes restait seul de l'administration précédente, ne conservant même le portefeuille des affaires étrangères que parce que, par une très sage résolution, le maréchal de Mac-Mahon tenait à soustraire la politique extérieure au hasard de l'instabilité ministérielle. Mais ses collègues, dont aucun ne pensait comme lui, ne seraient-ils pas disposés à trouver que l'hostilité déclarée de M. de Bismarck mettait à trop forte épreuve le tempérament de la république naissante?

En Allemagne, les journaux qui ne cessaient pas de malmener M. de Gontaut, faisaient au même moment, et souvent dans les mêmes numéros, l'accueil le plus bienveillant à l'avènement du parti républicain et inséraient avec éloge les manifestes électoraux de M. Gambetta. Les puissants du jour seraient-ils longtemps insensibles à cette différence de traitement?

Déjà dans le département des Basses-Pyrénées, qui venait d'envoyer M. de Gontaut au Sénat, ses adversaires l'avaient accusé de compromettre, par sa qualité de clérical, les bonnes relations avec l'Allemagne, et ils appuyaient cette imputation (sans y être, j'en suis convaincu, le moins du monde autorisés), sur le témoignage de M. Thiers et de M. de Rémusat. Le *Journal des Débats*, le plus modéré des organes de la presse républicaine française qui soutenaient le nouveau ministère, avait insinué à plusieurs reprises, sans contester les mérites éminents de M. de Gontaut, qu'il serait mieux en place dans une autre destination. Il y avait là des insinuations et des sous-entendus dont il importait à sa dignité de faire justice, et il s'en expliqua d'autant plus franchement avec M. Decazes, que ces traits, par leur nature aussi bien que par leur origine, visaient le ministre tout aussi bien que son ambassadeur.

« Dites-moi, en toute franchise, mon cher ami, lui écrivait-il, si j'ai la confiance de vos nouveaux collègues. Si on se défie de moi, je ne veux pas rester ici : je ne tiens pas à être ambassadeur à tout prix ; attaqué déjà, comme je le suis, par le chancelier et par la presse allemande, si, en outre, le gouvernement de mon pays n'a pas confiance en moi, vous comprendrez qu'en homme d'honneur et de conscience, je ne doive pas accepter une situation intolérable. »

… Et quelques jours après, admettant très bien l'hypothèse que M. de Bismarck mît en quelque sorte le marché à la main et ne promît qu'au prix du renvoi qu'il avait demandé le retour de ses bonnes grâces :

« Cet homme, dit-il, ne me pardonne pas le service que j'ai rendu — avec honneur, grâce à Dieu — à mon pays, et assurément il n'y a pas là de quoi m'étonner ni m'arrêter. Mais que ne réussissant pas à m'atteindre, il s'en prenne à la France et cherche à aigrir les relations des deux pays, voilà ce qui serait presque monstrueux. Quant à ma personne, mon cher ami, à aucun prix je n'admettrai qu'elle puisse devenir une occasion de mauvais rapports entre l'Allemagne et la France, et le jour où vous acquerrez la certitude de ce qui n'est encore à mes yeux qu'une possibilité, je vous prie, et, si vous me permettez cette expression, je vous enjoins de me le mander sans détour, et ma démission ne se fera pas attendre. »

CHAPITRE IV

L'Affaire d'Orient et le *memorandum* de Berlin — les élections de 1877 — la démission

I

A la suite de la demande de rappel, poliment mais nettement écartée par le maréchal de Mac-Mahon et par le duc Decazes, la situation de M. de Gontaut à Berlin restait assurément délicate et singulière. La défaveur de M. de Bismarck lui était chaque jour plus brutalement témoignée par tous les organes de la presse qui recevaient le mot d'ordre de la chancellerie impériale : mais il n'en était pas moins l'objet d'une bienveillance chaque jour aussi plus marquée de la part de toute la société politique, de la cour, de la famille royale, en y comprenant, avec l'impératrice, le prince et la princesse impériale, et sans en excepter l'empereur lui-même, qui ne prononçait jamais son nom qu'en y ajoutant cette expression, la plus haute assurance peut-être qu'il pût donner de son estime : c'est un honnête homme et un gentilhomme accompli. Ce contraste était trop évident pour rester ignoré du public, quand même il n'aurait pas convenu à M. de Bismarck de le mettre en lumière lui-même à la tribune. C'est là pourtant ce que, par un audacieux étalage d'omnipotence, il ne craignit pas de faire. A la première occasion qui lui fut donnée de s'expliquer au Reichstag sur les rumeurs belliqueuses de l'année précédente, il reprit son apologie avec tous les arguments déjà connus, en affirmant de plus que l'empereur, à son âge, n'étant pas querelleur, n'aurait pas consenti à faire la guerre sans motif, et que, d'ailleurs, on n'aurait pu la déclarer, sans contracter un emprunt de cinq cents à six cents millions de marks : ce qu'on ne lui aurait certainement pas accordé, pour faire la *colossale bêtise* de prévenir des attaques possibles de la France dans l'avenir. Voilà ce qu'auraient dû penser, continue-t-il, des diplomates qui, faute d'expérience, ont puisé à des

sources troubles, et des personnes haut placées, cédant à des influences de salon, trop peu
initiées aux affaires pour asseoir un jugement
solide, et aussi trop peu bienveillantes pour
l'établissement de l'empire allemand. Le chef
du centre catholique, M. Windthorst, ayant
alors pris la parole pour faire remarquer que
c'étaient les journaux qui avaient répandu ces
inquiétudes et que, quand certaine presse parlait, on savait bien où elle prenait ses inspira-
tions et d'où elle tirait même sa subsistance,
M. de Bismarck répliqua que cette intervention
d'un catholique ne l'étonnait pas, les personnes
haut placées dont il avait parlé ayant plus de sympathie pour le centre que pour la politique du
gouvernement. Si M. de Gontaut pouvait se
reconnaître dans le portrait des diplomates inex-
périmentés pêchant en eau trouble, l'impératrice,
dont la répugnance pour la politique du *Kulturkampf* était connue, se vit tout aussi clairement
désignée, et ce fut sans doute pour répondre à
cette provocation publique que, dès le lendemain,
ayant dû se rendre à un bal où elle était attendue
à l'ambassade de France, elle se montra plus
gracieuse que jamais pour M. de Gontaut.

Combien de temps auraient pu durer, sans se rompre, des relations si tendues qui portaient le trouble même dans le ménage impérial et que serait-il advenu, si quelque démêlé sérieux se fût élevé de nouveau entre la France et l'Allemagne? C'est ce qu'il fut impossible de savoir, car une diversion inattendue vint empêcher d'en faire l'expérience. Il se trouva, en effet, qu'à ce moment même, Berlin allait cesser d'être le théâtre unique où venaient se décider les questions touchant aux grands intérêts de la politique européenne; et une nouvelle série d'événements se déroulait, auxquels les deux pays avaient l'un et l'autre sans doute encore une part active à prendre, mais qui ne les mettaient plus directement en conflit.

Tout le monde sait, et je n'ai pas besoin de rappeler comment, dans le cours de cette année 1875, un mouvement insurrectionnel, d'abord jugé de peu d'importance, éclata dans les provinces de Bosnie et d'Herzégovine, et devint l'occasion d'une très vive irritation qui se manifesta chez toutes les populations chrétiennes encore soumises à la domination de la Porte contre le régime de tyrannie et d'arbitraire dont elles étaient victimes. Il ne tarda pas à être évident que si quelque satisfaction n'était donnée à leurs justes griefs, le soulèvement deviendrait général aussi bien sur les rives du bas Danube qu'au pied des Balkans, et que les forces turques, à elles seules, auraient peine à le réprimer.

De plus, il était certain que les provinces récemment affranchies du joug de la Porte, comme la Serbie et la Roumanie, ne resteraient pas insensibles aux souffrances des opprimés dont elles avaient longtemps partagé le sort, et la Russie elle-même ne tarda pas à faire entendre qu'elle non plus ne pourrait pas toujours fermer l'oreille aux cris de douleur de ses coreligionnaires. C'était donc l'existence de l'empire ottoman lui-même, dont l'intégrité a toujours été regardée comme une des bases du droit public européen, qui pouvait être mise en cause, et on voyait renaître, sous une forme aiguë et menaçante, cette éternelle question d'Orient, source, depuis un siècle, de tant de luttes sanglantes. Si on laissait l'incendie régner dans des contrées où sont déposées tant de matières inflammables, personne ne pouvait mesurer quels en seraient l'étendue et les ravages.

Il était naturel que les puissances qui ont pris l'habitude de se considérer comme les tutrices de la Porte défaillante et lui prodiguent, dans ses jours de peine, des consolations et des conseils un peu intéressés, voulussent tenter un effort pour obtenir d'elle des réformes administratives de nature à soulager les maux et à faire droit aux réclamations de ses sujets frémissants. Des pourparlers furent donc engagés, tant pour préparer la Porte à opérer les réformes jugées nécessaires que pour arrêter, de concert entre les puissances elles-mêmes, le programme des mesures qu'elles auraient à lui proposer. Ce fut une négociation longue et compliquée dont Constantinople était le siège principal, mais qui dut se poursuivre en même temps à peu près dans toutes les capitales d'Europe. M. de Gontaut eut habituellement peu de part personnelle à y prendre puisqu'il n'en pouvait suivre les phases que d'assez loin, et que l'objet, par son étendue, sortait de la sphère d'action propre à une ambassade. Berlin, cependant, qui a toujours été un lieu de passage très fréquenté pour les communications diplomatiques, devenait plus que jamais, grâce à l'influence prépondérante du nouvel empire, un centre où aboutissaient toutes les informations de quelque importance. Ce n'était donc pas un médiocre avantage pour la France que d'avoir là, placé d'avance, un spectateur au regard attentif et intelligent qui, assis aux premières loges, n'avait pas besoin de tenir les fils de la pièce pour démêler le jeu de tous les ressorts et pénétrer les passions comme les mobiles de tous les acteurs. Avec quelle supériorité de finesse et de jugement M. de Gontaut sut s'acquitter de ce rôle d'observateur, qui n'est pas la partie la moins délicate ni la moins précieuse de la profession ; quelle facilité il trouvait pour le bien remplir dans des rapports établis sur un pied tout à fait confidentiel avec ses collègues de toute nation, Anglais, Russes, Autrichiens, Belges et même Ottomans, qui le mettaient d'eux-mêmes au courant de tout sans se méfier jamais de sa discrétion, ni douter de sa parole : c'est ce que la lecture, même superficielle, de ses dépêches, suffit à apprécier. On y constate aussi, à chaque page, l'heureuse influence exercée autour de lui par des conseils toujours donnés dans le sens de la sagesse et de la conciliation.

Il y eut même une occasion en particulier où il fut naturellement appelé à se mettre en avant et prêta un utile concours à la sage politique dont M. Decazes avait, dès les premières nouvelles des troubles d'Orient, adopté et exposé à plusieurs reprises à la tribune les grandes lignes. La vraie difficulté de la situation (comme on l'aura peut-être déjà compris), ce n'était pas tant de décider la Porte à suivre les conseils qui lui seraient donnés par l'unanimité de l'Europe que d'établir par le concert des conseillers eux-mêmes les bases de cette communauté d'action. C'est le propre, en effet, de cette question orientale (et ce n'en est pas le côté le moins épineux) que, s'il est assez facile de s'entendre, tant qu'il ne s'agit que de la laisser dormir, dès qu'elle s'éveille, chacun de ceux qu'elle touche ayant ses intérêts propres à ménager, ses clients à protéger, ses vues d'avenir à poursuivre, les divergences ne tardent pas à apparaître, et la conduite à tenir n'est pas longtemps envisagée sous le même jour à Londres, à Vienne, à Saint-Pétersbourg et à Paris. Le danger était donc que, en travaillant à s'accorder pour agir sur la Porte, on ne commençât, avant d'y avoir réussi, par se quereller entre soi. Cette division n'ôtait pas seulement toute autorité aux avis pacificateurs de l'Europe : elle pouvait donner naissance à des démêlés nouveaux d'une portée encore plus étendue. Des alliés, au fond, n'oublient jamais complètement qu'ils sont des rivaux, et ce ne serait pas la première fois qu'en serrant trop les rangs pour marcher d'accord, on se serait heurté à des points sensibles et on aurait fini par en venir aux mains.

Pour la France, dans l'état où la fortune l'avait réduite, la ligne à suivre était simple, ou plutôt il n'y en avait pas deux à choisir. Nous n'avions qu'un intérêt, c'était de prévenir des conflits dans lesquels l'imperfection encore mal réparée de nos forces militaires ne nous réservait aucun rôle à jouer. La prudence nous commandait avant tout de rester neutres, mais pour que cette neutralité ne mît pas la patience de la nation et son crédit futur à trop forte épreuve, il ne fallait pas laisser aggraver autour de nous des dissentiments dont l'issue, quelle qu'elle fût, ne pouvait nous procurer aucun avantage. Une instruction très sensée recommanda donc à nos agents de se montrer favorables (sans même trop disputer sur les conditions) à tout arrangement qui, maintenant l'union entre les grandes puissances, leur permettrait de faire sentir à Constantinople le poids tout entier de leur intervention commune. Se mettre d'accord, puis parler et agir ensemble, c'est le conseil que nous devions donner à tout le monde : c'était, d'ailleurs, aussi celui de la raison et de l'humanité. Ne devant rien et ne demandant rien à personne, nous étions mieux que d'autres en mesure de le faire entendre.

Un moment, on put croire que ce résultat allait être atteint. Après quelques tâtonnements et des essais infructueux de conciliation tentés à Constantinople, à Vienne et sur le théâtre même des provinces insurgées, les chanceliers des trois empires, allemand, autrichien et russe, se trouvant réunis à Berlin, réussirent à élaborer de concert un *memorandum* contenant les demandes ou plutôt les sommations qui devaient être adressées à la Porte et proposèrent leur œuvre à l'adhésion de l'Angleterre, de la France et de l'Italie. Les termes de cette note étaient sévères.

Aux réformes d'un caractère général qui étaient réclamées (garanties assurées à la liberté religieuse, à la juste répartition et à l'emploi régulier des impôts), d'autres exigences étaient ajoutées, plus pénibles peut-être encore pour un souverain menacé dans son autorité. Le sultan devait accorder un armistice de deux mois aux rebelles et leur promettre une indemnité pour les actes de barbarie dont les forces turques, sous prétexte de répression, s'étaient rendues coupables. De plus, dans le cas où, à l'expiration du délai indiqué, le calme ne serait pas rétabli, les puissances annonçaient l'intention d'aviser à des mesures plus efficaces pour arrêter les progrès du mal. Ce qui expliquait, justifiait même l'extrême rigueur de ces conditions, c'est que d'Orient arrivaient chaque jour les plus graves nouvelles. Par l'effet d'une surexcitation devenue égale chez les populations chrétiennes et musulmanes, tout s'empirait rapidement sur le territoire turc, même dans les contrées qui n'avaient pas jusque-là pris part à la révolte: et il n'y aurait eu bientôt plus de sécurité nulle part ni pour personne. C'est ainsi qu'à Salonique, dans une émeute sanglante à laquelle l'enlèvement d'une jeune chrétienne avait donné lieu, deux consuls européens, celui de France et d'Allemagne, avaient péri.

L'émotion causée par des faits de cette nature était si générale et l'exigence d'un prompt remède si évident, que des trois ambassadeurs auxquels le *memorandum* fut remis pour être transmis à leurs gouvernements, aucun ne parut douter que l'adhésion réclamée ne fût envoyée sans délai. Le plus net dans l'expression de son approbation fut l'ambassadeur d'Angleterre, qui ne voulut pas même admettre que l'hésitation fût possible. Il se disait autorisé par le caractère général de la politique de lord Derby à se porter fort de son acceptation. Pour M. de Gontaut, dont l'instruction était de prêcher et de pratiquer l'accord, il ne vit aucune raison de s'en écarter, quand tout y portait naturellement. M. Decazes pensa, comme lui, qu'il y avait là une rencontre précieuse dont il importait de ne pas laisser échapper l'occasion. On l'a accusé et on dit qu'il s'est lui-même reproché plus tard d'avoir mis un peu de précipitation à la saisir au vol. Mais il n'est pas juste d'apprécier la convenance d'un acte politique sans tenir compte de l'inconvénient qu'on pouvait craindre de la conduite contraire, et l'invitation des auteurs du *memorandum* était conçue dans des termes si pressants qu'un refus ou même un retard aurait pu les décourager. La signature de la France fut donc envoyée par le retour du courrier. Nulle difficulté n'était à craindre et ne vint de la part de l'Italie. Mais, à la surprise générale, qui ne fut peut être nulle part plus grande qu'à l'ambassade britannique à Berlin, l'Angleterre seule s'abstint de suivre l'exemple commun. Elle craignit évidemment que l'humiliation infligée à la Porte profitât à l'accroissement d'une influence qu'elle redoutait. On sait que tous les politiques et surtout les conservateurs anglais (alors au pouvoir) voient toujours l'ombre menaçante de la Russie projetée sur Constantinople. Bref, le cabinet Disraëli trouva la note trop pressante et refusa de s'associer aux menaces de la conclusion. Une pression menaçante était justement ce qui faisait le mérite du *memorandum* aux yeux de ses auteurs : dès que l'unanimité n'existait plus, il était clair que l'effet tout entier était compromis.

Grave embarras pour les signataires, et pour a France, il faut en convenir, plus que pour aucun autre. Tout changeait d'aspect, en effet, du moment où le même fait qui avait dû opérer le concert ne faisait que constater la division. La Porte, que l'union de ses protecteurs aurait peut-être intimidée, allait triompher de leurs dissentiments et serait encouragée dans une résistance qui lui était déjà à peu près imposée par le fanatisme de ses fidèles. Pour la contraindre, faudrait-il user des moyens de coercition ? L'Angleterre, qui les déconseillait, en verrait-elle l'emploi avec indifférence ? N'essayerait-elle pas d'y mettre obstacle ? C'était donc la guerre dont, en ce cas, pour avoir cherché la paix avant tout, on courrait risque d'évoquer le fantôme ? En supposant même que le danger ne fût pas si grave ni immédiat, c'était, dès à présent, l'Europe divisée en deux camps : et dans lequel alors allait se trouver la France? Sa place était-elle bien marquée dans celui que semblait présider l'Allemagne? Était-ce pour s'y ranger qu'elle avait dû sortir de la neutralité morale, garantie à peu près nécessaire de la neutralité matérielle? La situation devenait ainsi assez pénible pour M. de Gontaut, forcé de quitter l'attitude impartiale et conciliante qui lui avait été commandée. A la vérité, le désagrément était plus grand encore (ce qui ne le consolait pas) pour l'envoyé d'Angleterre, à peu près désavoué par ses chefs et auteur involontaire de la déception de ses collègues.

Ce fut l'imprévu qui tira tout le monde de peine ; il manque rarement, dans les affaires humaines, mais il ne joue nulle part un plus grand rôle qu'en Orient. C'était le 30 mai que le *memorandum* arrêté à Berlin aurait dû être communiqué à Constantinople, avec une signature incomplète et un effet escompté d'avance. Mais, ce jour-là, le sultan Abdul-Azis, qui devait le recevoir de la main des ambassa-

deurs, était descendu du trône et, quatre jours
après, il avait cessé de vivre. Une révolution
de palais l'avait renversé, faisant asseoir à sa
place un de ses neveux, sous le nom de
Mourad V.

Un nouveau souverain est toujours prodigue
de belles promesses. Mourad, à peine intronisé,
ne manqua pas d'annoncer, par un décret
solennel, qu'il allait réaliser spontanément,
dans l'administration générale de son empire,
tous les progrès qu'on se proposait d'exiger
de lui : et, bien que ni sa personne, peu
connue, ni son entourage, presque tout entier
composé de sectaires fanatiques, n'inspirassent
aucune confiance dans l'accomplissement de ce
programme retentissant, le moins qu'on dût
lui accorder, c'était le répit nécessaire pour
qu'on pût se convaincre qu'il n'essayerait pas
de le mettre à exécution. La remise du *memorandum* dut donc être, non sans regret de la part
de ses rédacteurs, renvoyée à une époque indé-
terminée, et le délai, pour laisser le temps d'une
épreuve loyale, ne pouvait guère être moindre
que de quelques mois. Mais il y a des moments
où les mois sont des années et où c'est par

jours, presque par heures, qu'il faut compter les changements qui s'opèrent à vue dans la face des événements. Ce qui est ajourné alors est, par le fait, abandonné. On ne parla bientôt plus du *memorandum* de Berlin, parce que, devenu, sur plus d'un point, insuffisant ou inapplicable, il aurait cessé de répondre à la nécessité des circonstances ou aux sentiments de ceux qui l'avaient inspiré.

Tout étant remis ainsi en question, le ministre français put s'appliquer de nouveau à la tâche ingrate mais loyale qu'il s'était imposée : celle de renouer les fils de l'accord brisé et de retrouver sur un terrain constamment mobile un point où pût être fixé un nouveau centre d'union. C'était sur l'Angleterre avant tout qu'il fallait agir, puisque c'était elle qui s'était écartée de la ligne commune et qu'il fallait la ramener de l'intérêt personnel qui lui avait fait faire bande à part au sentiment d'un intérêt plus général et, par là même, plus élevé. Je doute qu'on y fût parvenu, si la Turquie elle-même n'avait aidé à cette conversion par une terrible et sanglante prédication. Mis en humeur et en liberté par les hésitations de l'Europe et par la protection qu'il croyait trouver à Londres, le ministère ottoman, bien loin de songer aux réformes promises, déchaîna sur les provinces révoltées et même sur celles qui, comme la Bulgarie, n'avait encore fait entendre que des murmures, des hordes farouches, venues des plus bas fonds de l'Islam, dont les excès sans nom et l'épouvantable conduite firent reculer d'horreur même l'opinion britannique. L'indignation causée par ces attentats ou, comme on les appela alors, les atrocités bulgariennes, fut exploitée par l'éloquence incomparable du chef de l'opinion libérale, M. Gladstone, de manière à rendre impossible au cabinet conservateur d'en prendre les auteurs présumés sous sa protection. Je conviens, me disait à moi-même un des ministres anglais de passage à Paris, que nous avons dans les Turcs des clients qui ne nous font pas honneur, et que nous ne pourrons pas longtemps défendre : et il n'était pas éloigné de conclure que, pour les sauver d'une ruine complète, le mieux eût été peut-être de concourir à des mesures d'une sévérité méritée, dont (une fois le principe admis) des mains amies auraient pu se réserver de diriger et de tempérer l'application.

Mais tandis que de ce côté des indices de tendance au rapprochement étaient visibles, l'écart, au contraire, dans un sens opposé n'allait-il pas se prononcer d'une manière peut-être irréparable? Le spectacle odieux donné par les agents turcs causait en Angleterre un dégoût qui l'inclinait à la conciliation. Le même sentiment n'allait-il pas faire naître en Russie une généreuse et bouillante impatience qu'on ne pourrait pas contenir? Là, à tout moment, un éclat était à craindre. A chaque nouveau méfait de la Turquie, c'était un cri général dans tout l'empire orthodoxe, entendu et répété dans les conseils du tsar. On le poussait à voler lui tout seul et sans compter sur des alliés qui se faisaient trop attendre, à la défense de la religion, de la justice et de l'humanité. L'armée russe, déjà massée sur la frontière ottomane, brûlait de la franchir.

Ce fut à M. de Gontaut que M. Decazes eut recours pour prévenir une extrémité qui aurait pu, de nouveau, tout compromettre. Le tsar et son chancelier passaient encore cette année, aux eaux d'Ems, la saison d'été. M. de Gontaut pouvait les y rencontrer sans sortir de chez lui et sans avoir l'air de les rechercher. On sait combien le séjour d'une station thermale se prête, pour ceux qui y passent quelques semaines de vie commune à des communications fréquentes et familières. Ce sont ces réunions journalières que M. de Gontaut devait mettre à profit pour prêcher la patience. La tâche ne fut pas aisée. Les premières relations de M. de Gontaut avec les augustes visiteurs durent au souvenir de l'année précédente un caractère d'effusion amicale. Mais lorsque, venant à la grande affaire du jour, il hasarda quelques conseils de calme et de modération, — lorsque surtout il crut pouvoir soumettre, au nom de M. Decazes, quelques propositions nouvelles, dont la formule un peu plus modérée que celles du *memorandum* pût faciliter le retour d'une entente possible avec le cabinet de Londres, — l'entretien changea de face, et l'extrême aménité fit place à des marques visibles de déplaisir. On s'étonnait de trouver chez la France une froideur pour les intérêts de la Russie, dont, après le service rendu, on ne se cachait pas d'éprouver quelque surprise et un peu de désappointement. On se serait attendu à plus de mémoire. On ne se fit pas non plus faute de rappeler que la signature de la France, apportée par M. de Gontaut lui-même, figurait encore au bas de ce *memorandum* qui n'avait pas été retiré mais suspendu seulement par une confiance singulièrement trompée dans les projets de réformation de la Turquie. Dès lors ils étaient engagés, lui et aussi bien que son ministre, dans les voies d'une politique active dont le mode, mais non le principe, pouvait être changé, et dont ils n'étaient plus libres de se départir.

Il y eut à ce sujet des discussions un peu vives, révélant, chez le prince, des blessures d'amour-propre qu'un défaut de tact chez l'ambassadeur ou une parole imprudente aurait pu aisément envenimer. M. de Gontaut fut assez heureux pour les calmer en ne sortant jamais d'une modération qui n'était pas dépourvue d'art. Son principal argument fut toujours de rappeler que plus on laisserait la Porte dans l'isolement, plus on lui enlèverait l'espérance de trouver des appuis, plus facilement on viendrait à bout de ses résistances soit morales, soit même matérielles. Mais ce qui l'aida surtout à ne pas laisser les dissentiments s'aigrir, ce fut la confiance inspirée par sa parole, la certitude qu'aucune arrière-pensée n'était cachée derrière les intentions qu'il exprimait, et qu'il n'aurait accepté ni de servir ni de seconder sous-main d'autres vues que celles dont il s'était fait l'interprète.

Grâce à cette assurance, on atteignit paisiblement la fin de cette saison orageuse. On arriva ainsi jusqu'au moment où l'attente n'étant plus possible pour personne en Orient, ce fut l'Angleterre elle-même qui sentit la nécessité de sortir de la situation équivoque où elle s'était placée, et prit l'initiative de proposer la réunion d'une conférence à Constantinople entre les représentants des puissances. C'était revenir, bien qu'un peu tard, à ce terrain d'entente que la France n'avait jamais déserté et sur lequel elle n'avait cessé d'appeler et d'attendre tout le monde. On ne diminue pas le mérite de M. Decazes, en affirmant que rien peut-être ne l'aida plus efficacement à atteindre le but qu'il poursuivait avec tant de constance, que les conversations intimes tenues par M. de Gontaut pendant ces dernières semaines avec les deux empereurs.

Je dis les deux empereurs, car l'empereur d'Allemagne était venu, lui aussi, souvent à Ems et s'était trouvé en tiers dans ces conférences. Il en rapportait, et il le disait très haut, une satisfaction complète à la fois de la politique de la France et de l'attitude de son représentant.

« Nous sommes unis avec la France, disait-il à plusieurs reprises, et j'espère que nous le resterons dans une tâche de conciliation et de paix. »

Quant à M. de Gontaut, il ne tarissait pas en éloges sur son compte : « C'est le meilleur ambassadeur que nous puissions avoir, et je crois, en vérité, ajoutait-il, en riant, que si on me le retirait, je serais capable d'en faire un *casus belli*. »

Et comme on lui faisait remarquer que M. de Bismarck ne partageait pas ce sentiment : « Je le sais, dit l'empereur, c'est incroyable.

Je lui ai dit souvent que nous n'aurons jamais rien de meilleur et je lui ai dit aussi qu'il ne voyait pas les ambassadeurs assez souvent et que c'est pour cela qu'il ne les jugeait pas bien. Mais'il dit que ce n'est pas la peine de les voir, parce qu'ils parlent toujours mal de nous. Ils font leur métier : un ambassadeur n'est pas là pour dire toujours du bien du pays où il est en fonction. »

Il ne manque jamais dans une cour d'auditeurs officieux ou malins pour rapporter aux gens en puissance les propos qui peuvent les inquiéter ou leur déplaire. M. de Bismarck n'ignorait donc rien des témoignages de satisfaction donnés par l'empereur à M. de Gontaut, et son irritation en était accrue, sans pourtant (telle était sa confiance dans la force de sa situation) qu'il se crût obligé d'en tempérer l'expression. Les conversations d'Ems surtout ne pouvaient manquer de lui causer un déplaisir qu'il ne cachait pas. Les journaux ne se firent pas faute non plus de voir dans cette intimité de M. de Gontaut avec les personnes royales une preuve nouvelle de sa tendance à étendre son influence en dehors de ses attributions régulières. On prétendit même un instant que la ville d'Ems étant éloignée du centre des relations diplomatiques, on pourrait lui contester le droit de gérer de là son ambassade[1].

Il faut ajouter, pour avoir une idée complète de la complexité de la situation que ce n'était pas seulement de l'action personnelle de M. de Gontaut que M. de Bismarck prenait ombrage ; il était tout aussi mécontent de la ligne de conciliation et de paix prêchée par le gouvernement français, dont M. de Gontaut était l'organe, et à laquelle (n'osant pas directement la combattre) il n'avait au fond de l'âme aucun dessein de s'associer.

Rien, on peut se le rappeler, ne parut, dans le temps, plus obscur et plus énigmatique que

1. Cette prétention dont l'ambassadeur à Paris eut réellement l'intention d'entretenir M. Decazes était d'autant plus déplacée que toutes les fois que M. de Gontaut s'éloignait de Berlin, il laissait à sa place des secrétaires en qui il avait pleine confiance. Ce fut le cas, pendant la première partie de sa mission, de M. le marquis de Sayve, et dans les derniers temps de M. Victor Tiby. L'un et l'autre étaient d'excellents agents qui tenaient M. de Gontaut au courant des moindres incidents, traitaient à sa place les affaires courantes avec une rare intelligence et dont il exprime à plusieurs reprises, dans sa correspondance, toute sa satisfaction.

l'attitude de M. de Bismarck dans cette première phase de la question orientale, et les explications qu'on essaya de tirer de lui à la tribune du Reichstag ne contribuèrent nullement à l'éclaircir. Ce qu'on peut affirmer aujourd'hui avec certitude, surtout à la lumière des événements qui ont suivi, c'est qu'il avait vu la crise éclater sans regret, c'est qu'il en suivit le développement avec moins de regret encore, et que ce fut lui qui, en définitive, à la dernière heure, fit échouer toutes les tentatives dont aurait pu sortir une solution pacifique.

Ce fut le travail souterrain qu'il suivit avec constance, et s'il ne s'y livra pas plus ouvertement, ce n'était pas seulement pour éviter les censures de l'opinion, dont il bravait facilement la sévérité, c'est surtout qu'en laissant trop voir son double jeu, il aurait craint de mettre en éveil la droiture et le bon sens naturel de son souverain. Cette diversité de tendances entre le monarque et son ministre explique ce qu'il y eut, pendant toute la durée des négociations, de louche, d'obscur et d'énigmatique dans la politique faite en leur nom, qui se ressentait de ce défaut d'accord.

Guillaume, attaché aux souvenirs d'une vieille alliance de famille, reconnaissant envers son neveu du secours qui lui avait été prêté en 1870, se montrait assurément très favorable aux vœux formés par la Russie, et souhaitait que le débat une fois engagé se terminât au profit de l'extention de l'influence de la Russie en Orient. Mais il aurait voulu sincèrement faire en sorte que cette satisfaction fût obtenue sans recourir à des extrémités belliqueuses dont il redoutait toujours pour l'Europe et pour son propre voisinage l'influence contagieuse. Ce dont il savait gré à M. de Gontaut, c'était de servir à la fois son double désir en travaillant à concilier le maintien de la paix avec les ménagements dus à la Russie.

« J'ai trop vu et trop fait de guerre en ma vie, disait-il souvent; à mon âge, on veut mourir en paix. »

Mais M. de Bismarck n'était point accessible à de tels scrupules. Loin de là, une seule chose au contraire le préoccupait, c'était de donner à la Russie assez d'occupation en Orient pour lui faire perdre le goût de renouveler, dans les affaires de l'Europe occidentale, l'ingérence qu'elle venait d'exercer contre lui d'une manière impérieuse et dont il lui gardait rancune. Une guerre sur le Bosphore, — qu'elle fût heureuse ou malheureuse, qu'il en sortît ou non quelque embarras avec l'Angleterre, — c'était la Russie écartée pour longtemps du chemin de l'Allemagne ; c'était réalisé en fait, de gré ou de force, ce partage entre l'Orient abandonné aux tsars et l'Occident aux Hohenzollern, dont la proposition avait été refusée quand M. de Radowitz l'avait portée à Saint-Pétersbourg, mais qu'il faudrait bien subir quand toutes les forces moscovites auraient leur emploi sur la mer Noire. Ainsi, le conflit, redouté par l'empereur, était au contraire tout à fait à la convenance du chancelier et toutes les fois qu'un rapprochement s'opérant entre les esprits, les chances de lutte paraissaient s'éloigner , il trouvait sous main quelque moyen pour les faire renaître et pour mêler de nouveau les cartes, ce qui n'était jamais difficile dans un jeu par lui-même si compliqué.

C'est ce qui allait se passer, et, en particulier, dans la conférence ouverte à Constantinople, sur la demande de l'Angleterre, et que la Russie, non sans peine, avait fini par accepter. Il y eut un moment où les intentions conciliantes paraissaient près de prévaloir. La sagesse du plénipotentiaire anglais, le marquis de Salisbury, secondait les vues de nos plénipotentiaires, MM. de Bourgoing et de Chaudordy ; l'Autriche n'était pas éloignée de s'y rallier, ni le ministre russe, le fougueux Ignatieff, de s'y résigner. Ce fut le moment que l'envoyé prussien (l'homme, dans la vie commune, le plus doux et le plus inoffensif), qui était resté jusque-là silencieux, choisit pour éclater brusquement, traitant toutes les tentatives pacifiques avec un dédain presque insultant, et déclarant qu'il n'était pas digne de grands gouvernements de se contenter, dans de si graves questions, d'impuissants compromis. L'effet fut subit et décisif. C'était M. de Bismarck lui-même dont on entendait la voix retentissante donnant un signal de combat. Quelques démentis essayés timidement de Berlin ne réussirent pas à la couvrir. A partir de ce moment, tout espoir d'accord fût perdu. Ardeurs russes et fanatisme turc également surexcités ne voulurent plus rien entendre, et l'appel aux armes fut inévitable. On ne cache pas sa joie ici, disait à **M.** de Gontaut un de ses collègues, mieux en mesure qu'aucun autre de pénétrer le fond des sentiments de **M.** de Bismarck.

II

La guerre éclata, en effet, entre la Turquie et la Russie, dans le printemps de 1877, et M. de Gontaut, qui s'était consciencieusement appliqué à la prévenir, n'en devait pas voir la fin. Avant que la fortune, quelque temps incertaine, se fût prononcée entre les combattants, il avait cessé de représenter la France à Berlin. Il avait dû se démettre de ses fonctions par suite d'une crise intérieure dont les effets n'auraient pas dû l'atteindre, puisque aucune question touchant à la politique étrangère n'y était engagée. On l'y mêla cependant et dans des conditions qui donnèrent à la retraite de M. de Gontaut un caractère de noblesse patriotique, naturel et digne complément d'une carrière si bien remplie.

Je sortirais absolument du sujet de ce récit, si j'entrais dans le moindre détail sur les motifs qui portèrent le maréchal de Mac-Mahon à nommer, le 16 mai 1877, un cabinet dont la composition ne pouvait être agréée par la majorité de la Chambre des députés et rendait ainsi la dissolution de cette Assemblée inévitable. Je m'abstiendrai donc de donner aucune explication à cet égard, ce qui, d'ailleurs, à mon sens, serait prématuré. L'acte du 16 mai 1877 ne sera justement apprécié que quand un plus grand nombre d'épreuves successives aura achevé de démontrer dans quelle situation fausse, pleine de contradiction et d'angoisse, la loi constitutionnelle de 1875 paraît s'être fait un jeu de placer le chef qu'elle donne à la république. Quand quelques présidents de plus auront trouvé impossible de se maintenir jusqu'au bout dans l'exercice de leur dignité (et remarquez que sur six que nous avons déjà connus, il y en a quatre qui n'ont pu remplir leur mandat tout entier), on comprendra peut-être qu'un chef d'État ne peut être à la fois, sans ressentir un profond trouble moral, électif et irresponsable, c'est-à-dire se trouver porté au pouvoir comme le représentant d'une grande cause politique pour se voir le lendemain interdit de la servir, au besoin même commandé de la déserter et de la trahir. L'éclat passager dont on l'environne fait un trop pénible contraste avec la nullité à laquelle on le condamne et l'impossibilité où on le met de venir en aide à aucun des intérêts qui lui sont chers et doivent même lui être sacrés, puisqu'il a été nommé pour les servir. Le rôle purement décoratif qu'on lui laisse, les hommages qu'il peut recueillir et qu'une multitude avide de spectacles adresse non à sa personne mais aux souvenirs et comme aux reliques de la royauté dont il ne représente qu'une pâle image, ce sont là de puériles consolations qui ne peuvent contenter longtemps un homme de cœur ni même un homme de goût. Une démission même brusquement donnée, comme celle dont nous avons été récemment témoins, trouve dans ces conditions douloureuses du pouvoir présidentiel une explication assez naturelle.

Avant de recourir à ce parti extrème (auquel on sait qu'il finit par être réduit), le maréchal de Mac-Mahon crut avoir un moyen d'échapper à la pénible nécessité qui lui était imposée, lui nommé par les conservateurs, de laisser le pouvoir à leurs adversaires. La souffrance d'être obligé à contresigner de son nom, dont une renommée de loyauté faisait le principal éclat, un programme contraire à ses convictions connues et aux promesses de son avènement, lui paraissait à la longue intolérable. Il avait, avec le concours du Sénat, le droit de faire appel au pays et de lui demander d'y mettre un terme. C'était sa prérogative constitutionnelle, et j'avoue que je n'ai jamais pu comprendre quel reproche il pouvait encourir pour en avoir fait usage.

Mais à la suite de cet acte parfaitement régulier, des élections générales devaient avoir lieu dans un délai très court. La lutte ne pouvait manquer d'être très vive de la part d'un parti qui se voyait menacé de perdre un pouvoir dont il n'avait eu qu'une très courte jouissance. Plusieurs terrains d'opposition pouvaient être adoptés par ceux qui désiraient maintenir la politique intérieure dans la ligne suivie par la majorité dissoute : ils préférèrent en chercher un dans la politique étrangère. Celui qu'ils choisirent n'eut pas, il faut en convenir, le mérite de l'originalité et n'exigea pas beaucoup de frais d'invention. Car ce fut tout simplement, comme aux jours où la monarchie était en cause, la résurrection du cléricalisme et du danger que pouvait faire courir à la paix du monde le retour agressif des prétentions pontificales appuyées en France par une majorité conservatrice. Le grief était vieilli et un courant de faits nouveaux avait dissipé la crédulité qui, un instant, avait pu le faire accueillir. Après quatre ans écoulés, la politique étrangère du parti conservateur dont M. Decazes n'avait pas cessé d'être le représentant n'avait jeté nulle part des semences de troubles. Ce n'était pas la main des conservateurs ni même des cléricaux qu'on avait pu surprendre dans les agitations qui aboutissaient à l'heure même à un redoutable conflit. A tous, au contraire, et sur tous les tons, c'étaient la paix et l'accord qui avaient été prêchés. Jamais plus de garanties n'avaient été données et même plus de sacrifices faits à ce grand intérêt de la paix commune.

Aussi l'événement du 16 mai avait-il pu causer à l'étranger quelque surprise, mais nulle inquiétude. M. Decazes put en apporter dans le débat qui précéda la dissolution de la Chambre la preuve attestée par les ministres étrangers eux-mêmes dans des termes d'une pleine et même bienveillante sécurité. Peine inutile : les dangers prétendus du cléricalisme assuraient à ceux qui évoquaient cet épouvantail un avantage ou pour mieux dire un auxiliaire dont à aucun prix ils n'auraient voulu se priver. Les coups portés d'une main à la religion et à l'Église leur permettaient de tendre l'autre à M. de Bismarck avec une confiance justifiée dans l'empressement qu'il mettrait à la saisir.

Cette fois, en effet, l'union que, dans les épreuves précédentes, on n'avait encore laissé voir qu'avec précaution, fut annoncée sans déguisement et même affichée avec éclat. Jusque-là, quand on avait essayé de faire intervenir dans nos débats intérieurs la crainte ou la sympathie de l'étranger, c'était de l'Italie seulement dont on parlait; c'était l'Italie dont on nous accusait de provoquer l'hostilité et dont, en raison d'une origine et des souvenirs communs on affectait de partager les inquiétudes. L'Allemagne n'apparaissait que dans l'arrière-plan, comme la protectrice de l'unité italienne menacée, et ses bataillons armés ne se dessinaient que dans le fond du tableau, pour inspirer une terreur muette. Mais, dans le cas présent, le besoin d'agir vite et de frapper fort ne permettait plus de tels ménagements. Aussi le grand ressort de la polémique électorale, ce fut, on s'en souvient, l'annonce partout répandue qu'en vertu d'un traité déjà signé entre Rome et Berlin, une intervention armée, où l'Allemagne aurait joué le principal rôle, était toute prête à châtier la France, si les noms sortis de l'urne électorale étaient de nature à faire attendre une majorité cléricale. Toute la presse allemande répéta la nouvelle sans la désavouer. Si ce n'était pas précisément un traité, dit l'*Allemagne du Nord* (le journal officieux par excellence, trop avisé et trop bien informé pour articuler directement un mensonge), c'était au moins un accord préparé et qui serait suivi sans délai d'un échange de signatures, dès que la chance qu'on redoutait aurait été réalisée. L'allégation, je n'ai pas besoin de le dire, n'était pas plus fondée sous cette forme adoucie que sous aucune autre.

Pas plus d'accord que de traité : je défierais hardiment qu'on pût trouver dans aucune chancellerie d'Europe la trace, à ce moment, d'aucun pourparler de cette nature. L'accord n'exista qu'entre les publicistes des deux pays échangeant des correspondances dont la date aussi bien que le fond étaient convenus d'avance et combinés, en général, à Paris même. Faut-il croire qu'un accord existât aussi entre les comités républicains des départements de l'Est et les fonctionnaires allemands des provinces annexées, douaniers ou forestiers, qui, dans leurs rapports journaliers avec les populations riveraines, patronnèrent ouvertement la liste opposante. Malgré les avis de ce genre qui nous étaient parvenus, j'hésite encore à penser que des Français aient accepté une telle collaboration. Je n'ai été tenté d'y ajouter foi qu'un instant, c'est quand j'entendis le plus célèbre des représentants de cette région, M. Jules Ferry, venir, après le succès obtenu, justifier à la tribune l'appel fait à la menace étrangère et convenir ainsi du profit qu'on en avait tiré. La reconnaissance me parut seule pouvoir expliquer une déclaration si compromettante, qui excita les murmures même des amis de l'orateur. Je me rappelle que je me retournai alors vers la tribune diplomatique où siégeait l'ambassadeur d'Allemagne, qui écoutait avec complaisance, et c'est ce qui me suggéra l'idée de dire, en répondant à M. Ferry, que ce n'était que dans les diètes de Pologne, à la veille du partage, qu'on regardait avant de voter, ce que pensaient les envoyés de Catherine ou de Frédéric. M. Gambetta, qui prit la parole après moi, plus avisé que son collègue, se garda bien de toucher, même de loin, à ce sujet délicat [1].

Quoi qu'il en soit, il n'y a pas lieu d'être surpris que, dès que la victoire électorale étant une fois conquise par de tels moyens, un cabinet fût formé, dont le duc Decazes était, cette fois, écarté, la première résolution qui dut être arrêtée dans le conseil du nouveau ministère, ce fut le rappel de M. de Gontaut. On aurait eu mauvaise grâce, après le service rendu, à refuser cette faveur au désir plus d'une fois exprimé par M. de Bismarck.

1. *Journal officiel*. Séance de la Chambre des députés du 15 novembre 1877.

La décision fut prise sans attendre un jour; le seul ménagement qu'on y apporta ce fut de ne pas notifier directement à M. de Gontaut sa révocation, mais de lui faire demander sa démission par des intermédiaires qui ne dissimulèrent pas qu'on l'attendait avec impatience. Il l'avait tant de fois offerte à M. Decazes, et en avait raisonné si librement avec lui au point de vue de l'intérêt général, que la réponse réclamée ne pouvait lui causer en ce qui le touchait personnellement ni surprise ni embarras. Il eut cependant quelque tentation de la refuser à ceux qui cachaient si mal le motif de leur empressement. Il lui en coûtait d'avoir l'air de se faire justice lui-même, et de donner raison aux attaques dont la presse allemande, dans l'exaltation du triomphe, redoublait, à l'heure même, l'insolence. Mettre le nouveau ministère au défi de le révoquer, c'eût été donner la preuve que sa conscience ne lui reprochait rien et qu'il ne pensait point avoir cessé un jour de bien mériter de la France. Mais c'eût été donner aussi trop de relief à un acte de condescendance dont tout le monde aurait compris le caractère et il se devait à lui-même de prendre souci de la dignité de la France même quand on le déchargeait du soin d'y veiller. Sa démission fut portée par un de ses fils au nouveau ministre, qui l'accepta par le télégraphe avec la sèche brièveté propre à ce genre de communication. Pas un mot de plus : pas un souvenir donné à six années d'un service patriotique accepté dans les circonstances les plus douloureuses et traversé par tant d'épreuves dont n'avait souffert un jour ni l'honneur ni l'intérêt national. A la vérité, aux amis de M. de Gontaut qui demandaient quel tort on avait à lui reprocher :

« Aucun, fut-il répondu sans hésiter : mais M. de Bismarck ne pouvait plus le souffrir, et nous voulons bien vivre avec lui. »

Ce qu'il y eut de vraiment pénible pour un Français dans cette indifférence si voisine de l'ingratitude, c'est qu'à Berlin, sur une terre étrangère et naguère encore ennemie, l'impression fut tout autre. Chez M. de Bismarck, c'était la joie du triomphe exprimée tout haut par les pamphlétaires à son service : partout ailleurs une douleur sincère, témoignée aussi sans ménagement. A peine la nouvelle de la retraite de M. de Gontaut eût-elle circulé et avant qu'elle eût été officiellement déclarée, l'ambassadeur de France vit arriver l'un après l'autre, comme une sorte de procession, tous ses collègues du corps diplomatique, inconsolables de perdre, avec les conseils de son amitié, un commerce aimable de tous les jours et une maison du meilleur monde toujours ouverte aux relations les plus affectueuses. Le premier qui se présenta fut même l'ambassadeur d'Italie, pressé de serrer la main à celui qui était désigné à la même heure par tous les journaux comme l'incarnation du cléricalisme.

Invité par l'impératrice à venir le trouver le soir même dans une réunion d'une familiarité intime, M. de Gontaut voulut rester fidèle jusqu'au bout à la correction rigoureuse de l'étiquette et ne crut pas pouvoir s'y rendre avant d'avoir informé personnellement le ministre des affaires étrangères de ce qu'assurément il savait déjà.

— Monsieur l'ambassadeur, lui dit M. de Bulow avec gravité et en pesant tous ses mots, vous êtes venu ici dans des circonstances très délicates : c'était un grand dévouement de votre part. L'empereur m'a déjà dit et va vous répéter officiellement le gré qu'il vous sait de vos efforts constants pour entretenir les bonnes relations avec l'Allemagne.

Le prudent ministre avait évidemment présents à la pensée le sentiment de l'empereur et celui du chancelier qui ne se ressemblaient en rien, et ne voulait ni rien omettre de ce qui lui était commandé par l'un ni rien ajouter qui pût déplaire à l'autre.

A la soirée de l'empereur, la réception fut plus aisée et plus chaleureuse. L'empereur arriva dès qu'il sut la présence de M. de Gontaut :

— Quelle nouvelle j'ai apprise, lui dit-il, vous nous quittez ? C'est une grande affliction pour moi. C'est à vous que nous devons les bonnes relations avec la France ; oui, ajouta-t-il en prenant les mains de M. de Gontaut dans les siennes, c'est bien à vous.

Et les yeux du vieillard se mouillèrent de larmes.

— J'ai demandé à M. de Hohenlohe pourquoi

vous devez partir. On m'a répondu que le ministère l'exigeait du maréchal.

Puis il s'arrêta, ne voulant rien dire ou ne sachant rien du motif de l'exigence.

L'impératrice fut plus affectueuse encore:

— Je me rappelle, dit-elle, faisant une allusion délicate à une conversation passée, que vous m'avez dit qu'à votre entrée en Allemagne votre première visite fut pour la cathé drale de Cologne, et je sais la prière que vous y fîtes.

On ne pouvait lui dire plus finement qu'il devait se croire exaucé.

Un souvenir du même genre se présenta, avec une force plus poignante encore, à l'esprit de M. de Gontaut lui-même, lorsqu'il dut, peu de jours après, comme six années auparavant, monter en grande tenue l'escalier du palais, pour remettre dans une audience solennelle ses lettres de rappel. « J'avais demandé alors à Dieu, dit-il (dans une note écrite le même jour), de me seconder dans la tâche pleine d'angoisses que j'avais à remplir. J'ai pu le remercier de m'avoir aidé à m'en acquitter. »

Il avait raison de penser qu'en repassant dans sa mémoire l'emploi de ces laborieuses années, il n'y trouverait rien dont il fût en peine de rendre compte à sa conscience et à sa patrie. Sa mission avait été partagée en deux périodes d'inégale durée, mais d'égale importance. Dans la première et la plus courte, il avait répondu à la confiance de M. Thiers, en lui prêtant le plus utile appui pour l'œuvre nécessaire, avant toute autre, d'acquitter l'énorme tribut dû à l'étranger et de délivrer le sol de sa présence. M. Thiers s'étant retiré, une autre tâche restait encore, presque aussi épineuse, plus ingrate peut-être et dont la charge pesait surtout sur l'ambassadeur de France à Berlin; car la délivrance matérielle (ce récit l'a suffisamment démontré) était loin d'être le complet affranchissement. Tant que nous n'avions ni reformé les rangs de notre armée, ni réparé les brèches de notre ligne de défense, tant que notre frontière était dénuée de remparts et de soldats, la liberté, à peine reconquise restait toujours à la merci d'un hasard ou d'un caprice. Cette faiblesse n'était un secret pour personne, et moins que pour tout autre pour nos ennemis d'hier : la tentation était grande chez eux de la mettre à profit pour reprendre le chemin qu'ils connaissaient, tant qu'il était encore ouvert, et par des coups, cette fois portés tout à fait à fond, de consommer une ruine qu'ils se repentaient d'avoir laissée imparfaite.

C'était là (on ne s'en cachait guère devant M. de Gontaut lui-même) le dessein avoué de tout un fougueux état-major qui entourait le vieil empereur. Si M. de Bismarck paraissait moins pressé de s'y associer, ce n'est pas qu'il ne regrettât aussi, au fond de l'âme, de nous avoir laissé un souffle de vie, mais c'est qu'il se croyait en mesure de nous maintenir, par la voie de l'intimidation, dans un état d'infériorité et d'isolement qui ne nous permît plus de reprendre rang parmi les nations indépendantes. Mais qu'un prétexte vînt à se présenter pour nous frapper de nouveau, et surtout que la moindre imprudence de notre part parût le fournir, avec quelle avidité il l'aurait saisi! Et, de fait, on ne peut guère expliquer que par le désir de le faire naître le retour incessant de ses provocations sans motif et de ses inquiétudes affectées.

Ce fut le mérite de M. de Gontaut de se

maintenir sur ce terrain glissant et découvert, dans une attitude à la fois ferme et calme, tout le temps nécessaire pour laisser à celle que M. Thiers avait si justement appelée la noble blessée le temps de fermer ses plaies. Aussi, rappelé en France, il avait en y rentrant la satisfaction de se dire que les jours d'épreuves étaient finis, et qu'il avait aidé son pays à traverser les plus difficiles. A partir de cette crise de 1875, dont il avait déjoué le piège, c'en a été fait de la prétention jusque-là ouvertement émise de nous tenir en lisière, en exerçant une surveillance jalouse sur les progrès de notre état militaire, et en nous marchandant ainsi les conditions de l'existence. Ces menaces, dont M. Thiers lui-même avait dû s'émouvoir, ont fait silence : et de son organisation comme de son développement, l'armée française n'a plus eu de compte à rendre qu'à la France.

Et puis la force matérielle n'est pas tout : une nation vaincue a aussi besoin de rétablir, aux yeux de ceux qui l'ont vue fléchir, le prestige de son autorité morale ébranlée. Rien n'est plus propre à la lui faire recouvrer que la dignité du caractère chez ceux qui la représentent. A ce titre, rien ne manquait à M. de Gontaut, ni la noblesse des sentiments, ni la grave tenue de la vie, et c'était aussi un avantage dont M. Thiers avait justement tenu compte en lui faisant appel, que d'avoir pu mettre au service d'un gouvernement dont le principe lui était étranger un patrimoine d'honneur héréditaire qui rappelait les traditions de meilleurs jours. Ce ne sera donc que justice d'inscrire le nom d'Élie de Gontaut-Biron dans les annales de notre délivrance à côté de celui de l'homme d'État qui l'avait choisi et du ministre éclairé dont il fut l'auxiliaire et l'ami.

FIN

TABLE

IMPRIMERIE CHAIX, RUE BERGÈRE, 20, PARIS. — 23094-11-95. — (Encre Lorilleux).